Los 7 Métodos Altamente Efectivos para Aprender Inglés Fluido

¡Deja tu reseña y ayúdanos a crecer juntos!

Espero que estén disfrutando de este libro tanto como yo disfruté escribiéndolo.

Si desean compartir su experiencia y ayudar a otros lectores a descubrir este libro, los invito a escanear el QR code y dejarme una reseña en Amazon.

Estaré agradecida por cada palabra amable que compartan conmigo.

Tabla de contenido

NOTA IMPORTARTE

Estos son todos los temas necesarios para aprender inglés de manera fluida.

Este curso completo está diseñado de forma concisa para que puedas terminarlo y aprender diariamente sin sentirte abrumado.

Además, incluye audios de vocabulario para complementar tu aprendizaje. Con la práctica diaria de estos temas, lograrás hablar inglés con fluidez.

La clave está en la repetición y en aprovechar cada lección al máximo.

Derecho de autor

Dedicación

Este libro está dedicado a todas aquellas personas que han anhelado aprender inglés durante tanto tiempo y que han sentido esa llama interior de superación. Creen en sí mismos, confíen en sus habilidades y sepan que pueden lograrlo. Este libro es para ustedes, para guiarlos en su camino hacia el éxito y la realización de su sueño de hablar inglés con fluidez.

¡Adelante, aprendan y triunfen!

"El éxito en el aprendizaje del inglés comienza con la determinación y la consistencia, y termina con la confianza y la fluidez."

Introducción

Mayo del 2017, viaja una mujer dominicana a Boston, Massachusetts, con sus dos hijos y esposo. Al llegar al aeropuerto, un miedo inmenso se apoderó de ella. Escuchaba personas hablar inglés, idioma del cual ella no tenía ni la remota idea de lo que estaban diciendo.

Esta mujer sentía una gran impotencia. Un día fue al supermercado y no encontró el artículo que estaba buscando. No sabía cómo preguntar porque no había hispanohablantes, y con lágrimas en los ojos regresó a la casa donde le estaban dando alojamiento hasta que pudiera alquilar una casa. No tenía muchas oportunidades de empleo, ya que el inglés era una limitación y tenía dos hijos, lo cual hacía muy difícil trabajar en factorías y cuidar de sus niños.

¡Hasta que un día dijo, "¡ya no más!". Se levantó y puso en práctica estas 7 estrategias que la ayudaron a aprender inglés de forma altamente efectiva, hasta tener la capacidad de formar su propia compañía, tener una marca registrada, poseer un comercio electrónico y hasta escribir y colaborar en varios libros en inglés y español. Su primer libro fue "Conócete y Serás Feliz" y conocido en inglés como "Know Yourself to Be Happy".

¿Pero cómo lo sé? Porque esa mujer soy yo. Hola, soy Amanfi y hoy quiero caminar de la mano junto a ti. Sé realmente cuál es la libertad que se siente y las oportunidades que se abren cuando sabes el idioma inglés, y por eso te quiero decir que yo estoy contigo y juntos aprenderemos hasta que tengas la habilidad de comunicarte en inglés de manera eficaz.

¡Si yo pude, tú también puedes!

Método 1
Conoce el porqué

Muchas personas inician con una gran motivación y entusiasmo para aprender inglés, pero cuando llegan las adversidades se desenfocan. Después de un tiempo, vuelven a estudiar y lo que ya han aprendido se les olvida, manteniéndose así en un círculo vicioso, lo cual les hace sentir muy mal por actuar de esa manera.

Este primer paso es sumamente importante, ya que, si conoces e identificas el porqué realmente quieres aprender inglés, lo mantendrás muy presente y este impulso te motivará a aprender aun cuando los imprevistos o la vergüenza de hablar frente a los demás lleguen a tu vida.

En este momento, te pido que tomes un tiempo y analices dentro de ti cuál es ese "por qué". Créeme que cuando llegues al fondo y hagas consciente por qué anhelas aprender inglés, tendrás la disciplina para seguir avanzando cada día más. No es solamente aprender inglés porque sería "bueno" o porque tendrías más oportunidades en general, sino cuál sería tu futuro si ya supieras inglés fluido.

Escribe aquí tu porqué:

_____
_____
_____
_____
_____
_____
_____
_____
_____
_____

Ahora te pido que grabes en tu celular, o donde decidas, las siguientes afirmaciones y las escuches a diario mientras te lavas los dientes, manejas, cocinas, comes o en cualquier momento durante el día.

Créeme, esta es la estrategia base para aprender inglés; no omitas ningún paso. Si no tienes tiempo para hacer lo básico, nunca tendrás tiempo para hacer ejercicios que requieran más tiempo y concentración. Si no sabes cómo grabar, puedes pedir ayuda o leer esta página todos los días.

En la primera afirmación, agrega el porqué anhelas aprender inglés.

- Estoy aprendiendo inglés porque (di cuál es tu porqué).

- Tengo la capacidad de aprender inglés y estoy completamente comprometido a lograrlo.

- Puedo aprender inglés, solo necesito tiempo y práctica constantes.

- Soy capaz de hablar inglés fluidamente.

- Reconozco que debo hablar en inglés todos los días para mejorar mi habilidad.

- Confío en mi capacidad de aprender inglés y estoy dispuesto a invertir el tiempo y esfuerzo necesarios.

- Aprender inglés es un desafío, pero sé que puedo superarlo.

- Reconozco mi capacidad de aprender y estoy listo para superar cualquier obstáculo que se presente en mi camino.

Tengo el tiempo suficiente para aprender y estoy feliz porque cada día estoy logrando mis objetivos.

Método 2
Organiza tu tiempo y espacio

Elige un lugar específico para estudiar: Elige un lugar tranquilo y cómodo para estudiar, como una mesa o un escritorio. De esta manera, le envías un mensaje a tu cerebro diciéndole que es hora de concentrarse.

Prepara tus materiales: Asegúrate de tener todos los materiales necesarios a mano, como tu libro de autoayuda, un lápiz y papel, y cualquier otro material que puedas necesitar para aprender inglés. De esta manera, evitas tomar tiempo buscando los materiales. Coloca siempre los materiales en el mismo lugar.

Crea un horario de estudio: Establece un horario regular para estudiar y hazlo una parte integral de tu rutina diaria.

Elimina distracciones: Crea un entorno de estudio libre de distracciones, como apagar tu teléfono o desconectarte de las redes sociales.

Utiliza técnicas de aprendizaje efectivas: Utiliza técnicas como subrayar, hacer resúmenes y leer el vocabulario tres veces o más en voz alta; luego, escucha la pronunciación escaneando el código QR que corresponde a cada vocabulario.

Saca tiempo adicional:
a. Toma nota: Cada vez que completes una lección, haz nota de los vocabularios que necesitas reforzar y llévalos contigo. Léelos mientras esperas en el autobús, tren, durante la hora de almuerzo o cualquier tiempo adicional que tengas durante el día.

b. Graba tu voz en tu celular: Graba tu voz y escucha el vocabulario mientras manejas, cocinas, comes o esperas en una cita.

c. Usa audífonos: Escucha libros y videos en internet mientras realizas otras tareas que no requieran concentración.

Créeme, yo andaba con un audífono escuchando siempre YouTube y mi propia voz. Trabajaba en factorías y cuidando personas mayores de noche, y por el día cuidaba de mis hijos. Basta de las excusas y de decir "No tengo tiempo para aprender inglés". El tiempo se hace. Si te desconectas de las redes sociales y de todo lo que no es prioridad, tú puedes. ¡Si yo pude, tú puedes! Organiza tu tiempo y espacio.

Método 3

Identifica la manera en que aprendes

Experimenta - Prueba diferentes estrategias de estudio, como tomar apuntes, hacer resúmenes, practicar preguntas y respuestas, etc., para descubrir cuál te funciona mejor.

Observa cómo reacciona tu cerebro - Presta atención a cómo te sientes mientras estudias. ¿Te sientes más concentrado y motivado con un método en particular?

Observa tu ciclo natural de sueño y vigilia - Presta atención a cuándo te sientes más alerta y energizado.

Experimenta con diferentes horas de estudio - Haz un seguimiento de cuándo te sientes más concentrado y productivo.

Considera tus fortalezas y debilidades - ¿Eres una persona visual? ¿Prefieres trabajar en equipo? ¿Eres más una persona de acción que de teoría?

Sé autoconsciente - Presta atención a tus pensamientos y sentimientos mientras estudias. ¿Te sientes abrumado o frustrado con un método en particular? ¿Te sientes más relajado y motivado con otro método?

Es importante conocer la manera en que aprendemos mejor porque esto puede ayudarnos a aprovechar al máximo nuestro tiempo y esfuerzo de estudio. Si sabemos qué métodos de aprendizaje funcionan mejor para nosotros, podemos enfocarnos en ellos y obtener resultados más efectivos. Por ejemplo, si descubrimos que aprendemos mejor a través de la experiencia práctica, podemos buscar oportunidades para poner en práctica lo que hemos aprendido. Del mismo modo, si descubrimos que aprendemos mejor a través de la visualización, podemos buscar materiales gráficos y visuales para ayudarnos en el proceso de aprendizaje.

Conocer la manera en que aprendemos mejor también puede ayudarnos a ser más eficientes y motivados al estudiar, lo que puede aumentar nuestra confianza y autoconfianza en nuestro proceso de aprendizaje.

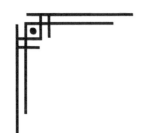

Método 4

Comienza a pensar en Inglés

Aprender a través de imágenes: aprender vocabulario con imágenes es más efectivo que a través de la traducción, ya que ayuda a mejorar la fluidez en el idioma. En lugar de pensar en la traducción escrita en español, tu mente visualiza el objeto directamente. Ejemplo: si vas a decir "apple", que significa "manzana", tu mente ve el objeto antes de la palabra en español. "Una imagen vale más que mil palabras."

Deja de traducir: Es comprensible traducir al principio mientras se aprende inglés, pero a medida que se adquiere más vocabulario y te sientas más cómodo, es recomendable evitar la traducción y en su lugar asociar palabras con imágenes. Esto ayudará a pensar en inglés de manera más natural y fluida. En algunos casos, el libro traducirá cuando el vocabulario pueda ser confuso de ilustrar.

A medida que vayas aprendiendo vocabulario, comienza a hacer oraciones simples en tu mente: Al hacer esto, estarás practicando tus habilidades de construcción de frases en inglés y te sentirás más cómodo pensando en el idioma. Por ejemplo, si aprendes la palabra "apple", comienza a decir "I like apples" (me gustan las manzanas) en tu mente. Con el tiempo, puedes ir construyendo oraciones más complejas y fluirás cada vez más naturalmente en el idioma.

Cambia las configuraciones de tu teléfono y aplicaciones a inglés: Al hacer esto, estarás exponiéndote constantemente al idioma y aprenderás a entender y utilizar nuevas palabras y frases. Usa el GPS en inglés: Al utilizar el GPS en inglés, aprenderás a entender y seguir las instrucciones en inglés, lo que te ayudará a mejorar tu comprensión y tus habilidades de pensamiento en inglés (en caso de que manejes).

Ve películas y programas de televisión en inglés, incluso si al principio no los entiendes: Ver películas y programas de televisión en inglés te ayudará a familiarizarte con el ritmo y la pronunciación del lenguaje, y con el tiempo, te sentirás más cómodo comprendiendo y pensando en inglés. (Cuando empecé, no entendía nada y en menos de 3 meses me reía de los chistes. Esta fue una de las maneras más divertidas de aprender inglés que tuve).

Lee en inglés, incluso si solo reconoces una palabra: Practica la lectura en inglés, aunque solo reconozcas una palabra. Este hábito te ayudará a mejorar tu vocabulario y a comprender el lenguaje de manera más natural.

Método 5

Pronunciación

La pronunciación en inglés y español es diferente en términos de sonidos, acentuación y ritmo. El inglés tiene sonidos que no existen en español y viceversa, como la pronunciación de "th". Además, la acentuación en inglés es diferente a la acentuación en español y puede ser un desafío para los hablantes de español.

El ritmo del inglés es más suave y fluido en comparación con el ritmo más fuerte y sincopado del español. Por lo tanto, es importante prestar atención a la pronunciación y practicarla a diario para mejorarla.

Aquí hay algunos consejos generales que pueden ayudarte a mejorar tu pronunciación en inglés:

- Practica: La práctica es la clave para mejorar tu pronunciación. Habla inglés tanto como sea posible y trata de imitar la forma en que los nativos hablan.

- Escuchar: Escucha a los nativos hablando inglés y presta atención a su pronunciación. Escucha música en inglés, ve películas y escucha podcasts y programas de radio en inglés. Además, escucha la pronunciación de los vocabularios con los códigos QR que encontrarás en el libro.

- Identifica los sonidos: Identifica los sonidos individuales que te cuestan pronunciar y practícalos repetidamente.

- Usa herramientas de audio: Hay muchas herramientas en línea, como videos y aplicaciones, que pueden ayudarte a mejorar tu pronunciación en inglés.

- Practica con un hablante nativo: Practicar con un hablante nativo de inglés es una de las mejores maneras de mejorar tu pronunciación.

- No te rindas: La pronunciación en inglés puede ser difícil, pero siempre hay margen para mejorar.

No tengas miedo ni vergüenza de hablar; tu acento es lo que te hace único y especial. Tener acento significa que eres muy inteligente porque eres bilingüe. Todos tenemos acento, no escondas el tuyo.

Letra	Pronunciación
A	[ei]
B	[bi]
C	[ci]
D	[di]
E	[i]
F	[ef]
G	[yi]
H	[eich]
I	[ai]
J	[jei]
K	[kei]
L	[el]
M	[em]
N	[en]
O	[ou]
P	[pi]
Q	[kiu]
R	[ar]
S	[es]
T	[ti]
U	[iu]
V	[uvi]
W	[dabliu]
X	[ex]
Y	[uai]
Z	[zi]

Alphabet (Abecedario)

Lee el abecedario que esta en la columna

Guía de la posición de la boca para una mejor pronunciación:

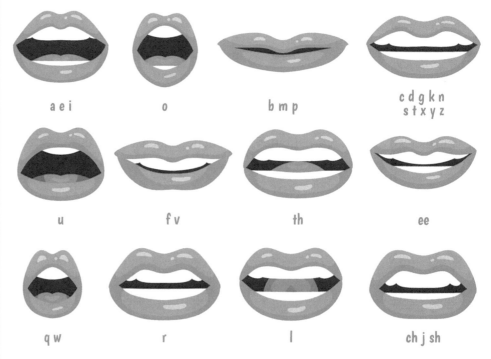

a e i   o   b m p   c d g k n
                                         s t x y z

u   f v   th   ee

q w   r   l   ch j sh

Nota: Intenta, pero no te frustres si no te sale al principio porque poco a poco lo lograrás.

Técnicas Generales de las Vocales en Inglés

Muy importante

En inglés, existe una regla fonética particularmente útil para los aprendices: cuando una vocal se encuentra entre dos consonantes dentro de una palabra, generalmente se pronuncia de manera corta o cerrada.

Esto implica que el sonido de la vocal es más breve y no se prolonga. Un ejemplo claro es la palabra 'cat' (gato), donde la 'a' se sitúa entre las consonantes 'c' y 't', adoptando una pronunciación corta similar a la 'a' en 'pato' del español.

Esta similitud fonética entre algunas vocales cortas en inglés y las vocales en español puede ser una ventaja para los hispanohablantes durante el aprendizaje del inglés. Por ejemplo, la mencionada vocal corta 'a' en 'cat' resuena de manera parecida a la 'a' española. No obstante, es crucial enfocarse en las sutiles diferencias de pronunciación entre ambos idiomas para afinar la precisión y el acento al hablar inglés.

La comprensión de esta regla facilita la predicción de la pronunciación de numerosas palabras en inglés, lo que contribuye significativamente al proceso de aprendizaje. Sin embargo, es esencial recordar que, aunque esta regla ofrece una guía práctica, el inglés está lleno de excepciones y patrones fonéticos variados.

Por lo tanto, es importante estar atentos a estas irregularidades y practicar regularmente, escuchando atentamente a los hablantes nativos para mejorar la comprensión y la pronunciación en inglés.

Ejemplos por vocales

a

bat (murciélago)	rat (rata)	sad (triste)	nab (capturar)
cat (gato)	bag (bolsa)	bad (malo)	nag (molestar)
fan (ventilador)	wax (cera)	lad (chico)	wag (mover cola)
map (mapa)	yam (ñame)	nap (siesta)	ban (prohibir)
tag (etiqueta)	cap (gorra)	jab (puñetazo)	cab (taxi)
van (furgoneta)	mat (alfombra)	tab (solapa)	cam (cámara)
lap (regazo)	zap (fulminar)	gas (gas)	
jam (mermelada)	ham (jamón)	dam (represa)	

Técnicas Generales de las Vocales en Inglés

e

bed (cama)

best (mejor)

bet (apuesta)

yell (gritar)

deck (cubierta, baraja)

end (fin)

get (obtener)

help (ayuda)

hen (gallina)

less (menos)

let (dejar)

men (hombres)

neck (cuello)

net (red)

pen (pluma)

pet (mascota)

red (rojo)

rest (descanso)

send (enviar)

fell (cayó)

spell (deletrear)

step (paso)

trend (tendencia)

tell (decir)

ten (diez)

test (prueba)

them (ellos, ellas)

then (entonces)

vest (chaleco)

well (bien)

west (oeste)

i

bit (poco)

big (grande)

fit (en forma, caber)

hit (golpear)

kick (patada)

kid (niño)

lip (labio)

will (voluntad)

win (ganar)

wish (deseo)

with (con)

fish (pescado)

dish (plato)

rich (rico)

slip (desliz)

strip (tira)

whip (látigo)

brisk (rápido)

disk (disco)

frisk (cacheo)

risk (riesgo)

ship (barco)

gift (regalo)

lift (levantar)

rift (grieta)

shift (cambio)

sift (cernir)

drift (deriva)

o

lock (cerrar)

shock (impacto)

stock (stock, existencia)

throb (palpitación)

blob (mancha)

clod (terrón)

flog (azotar)

plod (caminar pesadamente)

slog (esfuerzo duro)

smog (smog)

snog (besuquearse)

flop" (fracaso)

wok (wok, tipo de sartén)

not (no)

hot (caliente)

dog (perro)

top (cima, superior)

job (trabajo)

rock (roca)

stop (parar)

plot (trama)

trot (trotar)

slot (espacio)

blot (mancha)

clot (coágulo)

work (trabajar)

u: La u suele pronunciarse más con el sonido que proviene de la garganta

but (pero)

cut (cortar)

duck (pato)

fun (diversión)

gum (goma)

hut (choza)

jump (saltar)

luck (suerte)

mud (lodo)

nut (nuez)

pup (cachorro)

run (correr)

sun (sol)

tub (bañera)

bun (panecillo)

cup (taza)

hug (abrazo)

jug (jarra)

mug (taza grande)

rug (alfombra)

sum (suma)

lump (bulto)

must (debe)

pump (bomba)

rust (óxido)

stun (atontar)

thump (golpeteo)

bust (quiebra)

Consejos para mejor pronunciación

Vocales

1. **"A"** como en "cat" (gato): La lengua está en la parte inferior de la boca y el sonido es producido con la boca abierta.

2. **"E"** como en "bed" (cama): La lengua está en el medio de la boca y el sonido es producido con la boca semi-abierta.

3. **"I"** como en "bit" (poco): La lengua está en la parte superior de la boca y el sonido es producido con la boca semi-cerrada.

4. **"O"** como en "hot" (caliente): La lengua está en la parte inferior de la boca y el sonido es producido con la boca semi-cerrada.

5. **"U"** como en "but" (pero): La lengua está en la parte superior de la boca y el sonido es producido con la boca cerrada.

a e i   o   u

Letra "S"

1. Coloca la parte anterior de tu lengua cerca de tus dientes superiores.

2. Asegúrate de que tu lengua no esté tocando tus dientes, sino que esté cerca de ellos.

3. Haz una sonrisa para abrir tus encías superiores y formar un pequeño espacio entre tus dientes y tu lengua.

4. Emite un sonido suave y continuo sin interrupciones para formar la "s". Como si le fuera a llamar a alguien que sabe su nombre "sssis, ven aca".

Letra "Th"

1. Coloca la parte frontal de tu lengua entre tus dientes superiores y tus encías superiores.

2. Haz una ligera aspiración con la lengua para formar un sonido suave.

3. Mantén la posición de la lengua mientras haces el sonido de la "th".

Se puede pronunciar como si fuera una "Z" española (thanks) y en otros casos como una "d" a media (that).

Nota: Más adelante usaremos "z" o "d" para escribir la pronunciación en español.

Letra "R"

1. Coloca la parte posterior de tu lengua detrás de tus dientes superiores.

2. Al mismo tiempo, deja un pequeño espacio entre la parte trasera de tu lengua y el paladar duro (techo de la boca).

3. Haz un sonido vibrante y continuo sin interrupciones para formar la "r".

th

Letra "H"

se pronuncia como una aspiración suave, es decir, como una exhalación de aire sin voz, similar a un suspiro. Tiene un sonido como "ja" Ejemplo: **H**ello (**je**lóu)

Letra "Sh"

El sonido "sh" se produce cuando las letras "s" y "h" se combinan, y se pronuncia como una fricción entre la parte posterior de la lengua y el paladar blando. Por ejemplo, en la palabra "ship" (ship) (barco) se pronuncia como un sonido "sh".

Es como si fuera a a mandar a alguien hacer silencio "shh"

ch j sh

Letra "Ch"

Por otro lado, el sonido "ch" se produce cuando las letras "c" y "h" se combinan, y se pronuncia como una fricción entre los dientes y el paladar blando.

Por ejemplo, en la palabra "chip" (chip) se pronuncia como un sonido "ch".

ch j sh

Letra "V"

1. Para pronunciar la "v" en inglés, haz vibrar tus labios como si estuvieras diciendo una "b" suave.
2. La "v" suena como una combinación de "b" y "f"
3. La voz debe fluir continuamente sin interrupciones, a diferencia de una "b", que requiere una pequeña pausa entre la vibración de los labios y la emisión del sonido.

f v

Letra "H"

1. La letra "h" en inglés es una letra muda que se pronuncia como una especie de aspiración suave.
2. La "h" suena como un soplo de aire en la garganta.
3. Es importante tener en cuenta que la "h" es diferente a la **"j" española,** que es una semivocal y se pronuncia como una "j" muy suave (j latina). Ejemplo: Hello (**je**lóu)

ch j sh

Letra "W"

1. Para pronunciar la "w" en inglés, coloca los labios en una posición similar a cuando pronuncias la letra "**u**", y luego vibra la lengua en la parte posterior de la boca. La "w" suena como una "u" doble.

Regla de "Silent E"
(E Muda)

Pronunciación de la E silenciosa

En inglés, muchas palabras terminan con una "e" que no se pronuncia. Aunque esta "e" final está en silencio, tiene un papel muy importante: afecta la pronunciación de la vocal que se encuentra justo antes de ella, haciendo que esa vocal se pronuncie como una vocal larga. En otras palabras, la vocal suena igual que el nombre de la letra en el abecedario.

Ejemplos:

Palabra	Pronunciación Simplificada	Ilustración
Cake	keik	
Bone	boun	
Cone	koun	
Cube	kiub	
Gate	geit	

Pronunciación de Dos Vocales Juntas en Inglés

En inglés, cuando dos vocales aparecen juntas en una palabra, la primera vocal a menudo se pronuncia como su nombre en el abecedario, mientras que la segunda vocal generalmente no se pronuncia. Esto crea un sonido especial llamado diptongo. Aquí tienes algunos ejemplos de cómo funcionan estos pares de vocales:

Palabra	Pronunciación Simplificada	Ilustración
bee	bi	
boat	bout	
train	tréin	
leaf	líf	
speak	spík	
toast	toust	

Método 6 & 7
Memoriza y Práctica

Aprenderá vocabularios por medio de imágenes y cuando no se pueda ilustrar porque puede ser confuso, se procederá a traducir. Luego habrá una sessión para practicar.

Por favor, no mires las respuestas antes de intentar resolver los ejercicios por ti mismo. En algunos casos las repuestas estarán en la hoja siguiente y en otros tendrás que volver a la hoja anterior para verificar si haz completado bien la lección.

Nota: Escribe en cartillas los vocabularios que vaya aprendiendo y llévalo contigo hasta que te lo aprendas.

Ejemplo:

- Puedes hacer notas de 10 palabras y llevarlo contigo a todas partes y leerlo mientras espera.
- Puedes repetirlo 3 veces antes de irte a dormir.
- Puedes grabar tu voz y escucharlo mientras cocina, te baña, te ejercita, maneja, va en el tren o en el autobús, o en el tiempo de espera.
- Puedes ponerlo en practica y pensarlo. Ejemplo "si aprendiste a que "apple" es manzana, inicia en tu mente a decir "I like apple" (ai láaik ápol) (me gusta la manzana)
- Puedes complementar el vocabulario con el libro "Aprende Ingles Jugando".

Instrucciones

<--- Significado.

<--- Como se dice en inglés.

<-- Como se pronuncia en español.

Nota: algunas vocales en inglés no existen en español, pero esta aproximación es muy cercana. Aunque pronuncies de esta manera, te entenderán, tenlo por seguro.

Además, te proporciono un **bono** para que escuches los vocabularios más utilizados en inglés, los cuales te ayudarán a hablar con mayor fluidez. Simplemente escanea los códigos con tu celular cuando inicies con el vocabulario a practicar y memorizar.

Saludos y presentación

Saludos	Pronunciación	Traducción
Hello	jelóu	Hola
Hi	jáy	Hola
Good morning	gud móor-nin	Buenos día
Good afternoon	guráf-ter-nun	Buenas tardes
Good evening	guríf-vi-nin	Buenas noches
Nice to meet you	nais -tu- mit-iu	Un placer conocerte
Good to see you	gud -tu- síi- iu	Gusto verte

Despedidas	Pronunciación	Traducción
Goodbye	gud báy	Adiós
See you later	si iu léirer	Hasta luego
See you soon	si iu súun	Nos vemos pronto
Take care	téik kéar	Cuídate
"Have a good day	háaf a gud déy	Que tengas un buen día
"Have a good night	háaf a gud náait	Buenas noche
Stay safe	stéi séif	Mantente a salvo

Escribe tu nombre y práctica

My name is
(mai neim is)

_____

Escribe tu edad

I am
(ai am)

_____ years old
(yiers old)

Escribe tu dirección

I live in
(ai if)

_____

Frases que se utilizan para ser más educado y cortés en inglés:

Please (plíis) - Por favor

Thank you (záank - iu) o (Dáank -iu)- Gracias

Excuse me (ex-cúis-mi) - Disculpa

I'm sorry (am sóory) - Lo siento

Fruits (*Frutas*)

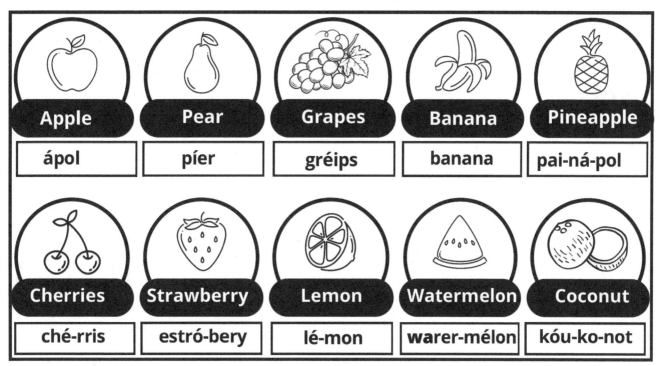

Apple	**Pear**	**Grapes**	**Banana**	**Pineapple**
ápol	píer	gréips	banana	pai-ná-pol
Cherries	**Strawberry**	**Lemon**	**Watermelon**	**Coconut**
ché-rris	estró-bery	lé-mon	warer-mélon	kóu-ko-not

Vegetables (*Vegetales*)

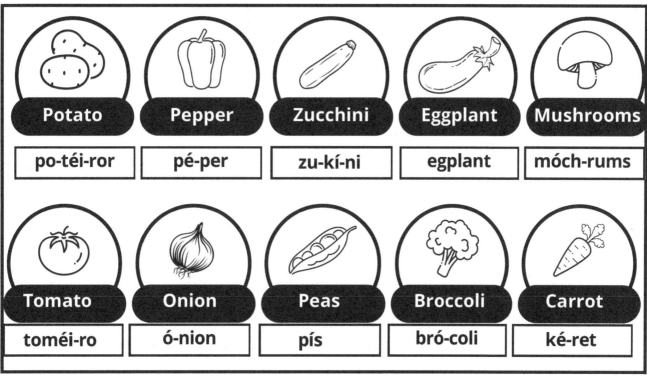

Potato	**Pepper**	**Zucchini**	**Eggplant**	**Mushrooms**
po-téi-ror	pé-per	zu-kí-ni	egplant	móch-rums
Tomato	**Onion**	**Peas**	**Broccoli**	**Carrot**
toméi-ro	ó-nion	pís	bró-coli	ké-ret

Bono: Escuchar la pronunciación -->

Practice *(práctica)*

Lee las palabras que están en el cuadro y escribe debajo de la imagen. Cuando termines, vuelve a la página anterior para verificar si están correctas.

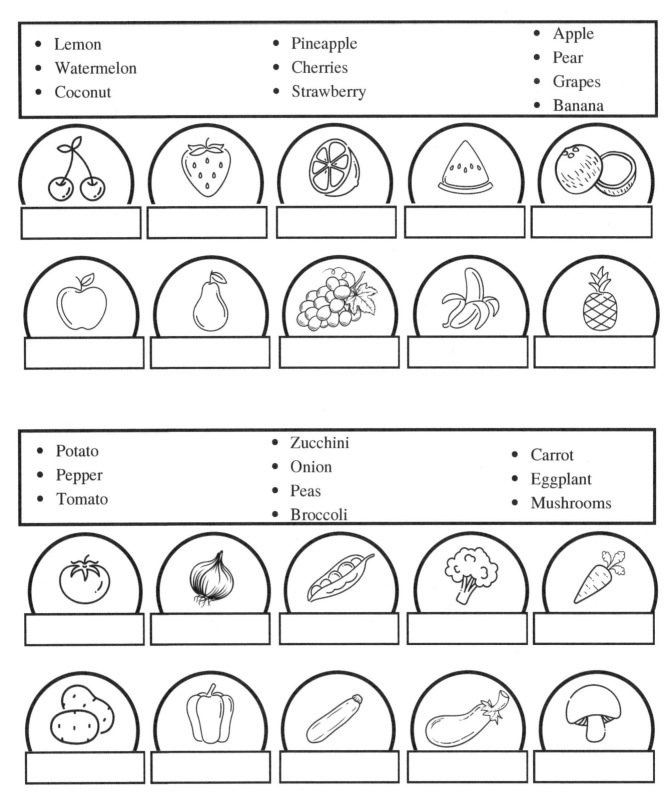

- Lemon
- Watermelon
- Coconut
- Pineapple
- Cherries
- Strawberry
- Apple
- Pear
- Grapes
- Banana

- Potato
- Pepper
- Tomato
- Zucchini
- Onion
- Peas
- Broccoli
- Carrot
- Eggplant
- Mushrooms

Food (comida)

Rice	Chicken	Salad	Pasta	Sandwich
ráis	chí-ken	sa-lad	pasta	san-dui-ch

Cake	Hamburger	Seafood	Meat	Bread
kéik	jam-bér-guer	si-fúd	míit	breed

Drinks (bebidas)

Wine	Coffee	Lemonade	Tea	Chocolate
wain	co-fi	li-mo-neid	tii	chó-ko-leit

Juice	Water	Milkshake	Milk	Beer
yuuz	wa-rer	milk-cheik	mélk	bíer

Bono: Escuchar la pronunciación -->

SCAN ME

Practice (*práctica*)

Lee las palabras que están en el cuadro y escribe debajo de la imagen. Cuando termines, vuelve a la página anterior para verificar si están correctas.

- Meat
- Bread
- Rice
- Sandwich
- Cake
- Hamburger
- Chicken
- Salad
- Seafood
- Pasta

- Juice
- Water
- Wine
- Coffee
- Lemonade
- Tea
- Chocolate
- Milkshake
- Milk
- Beer

Numbers *(números)*

1 One — wan	**2** Two — tu	**3** Three — trii	**4** Four — for	**5** Five — fáif
6 Six — six	**7** Seven — seven	**8** Eight — eit	**9** Nine — náin	**10** Ten — ten
11 Eleven — i-lé-ven	**12** Twelve — tuélf	**13** Thirteen — der-tíin	**14** Fourteen — for-tíin	**15** Fifteen — fif-tíin
16 Sixteen — six-tíin	**17** Seventeen — seven-tíin	**18** Eighteen — ei-tíin	**19** Nineteen — nái-tíin	**20** Twenty — tueny

Bono: Escuchar la pronunciación -->

21

Practice *(práctica)*

Lee las palabras que están en el cuadro y escribe debajo de la imagen. Cuando termines, vuelve a la página anterior para verificar si están correctas.

• Thirteen	• Nineteen	• Sixteen
• Fourteen	• Eighteen	• Seventeen
• One	• Eight	• Eleven
• Fifteen	• Nine	• Twelve
• Three	• Ten	• Six
• Four	• Twenty	• Seven
• Five	• Two	

Numbers *(números)*

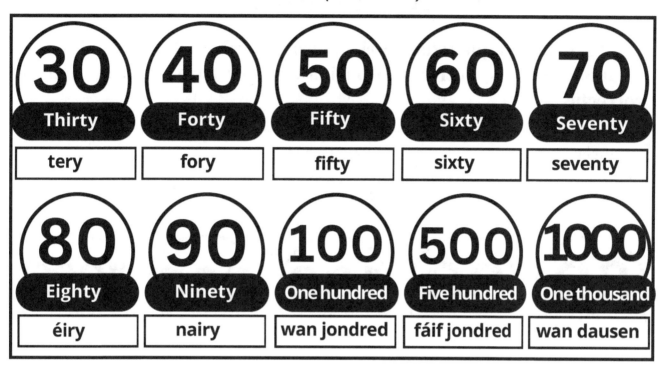

30	40	50	60	70
Thirty	**Forty**	**Fifty**	**Sixty**	**Seventy**
tery	fory	fifty	sixty	seventy

80	90	100	500	1000
Eighty	**Ninety**	**One hundred**	**Five hundred**	**One thousand**
éiry	nairy	wan jondred	fáif jondred	wan dausen

Ordinal numbers *(números ordinales)*

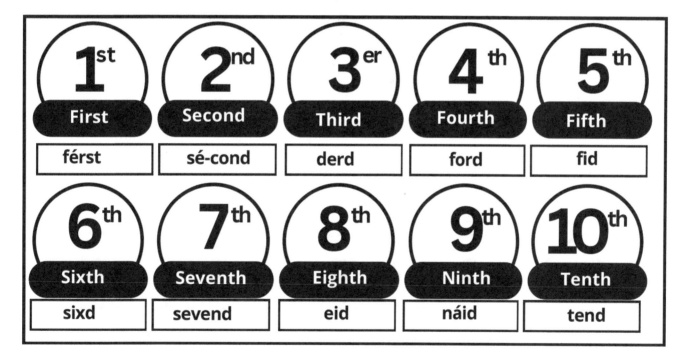

1st	2nd	3er	4th	5th
First	**Second**	**Third**	**Fourth**	**Fifth**
férst	sé-cond	derd	ford	fid

6th	7th	8th	9th	10th
Sixth	**Seventh**	**Eighth**	**Ninth**	**Tenth**
sixd	sevend	eid	náid	tend

Bono: Escuchar la pronunciación -->

Practice *(práctica)*

Lee las palabras que están en el cuadro y escribe debajo de la imagen. Cuando termines, vuelve a la página anterior para verificar si están correctas.

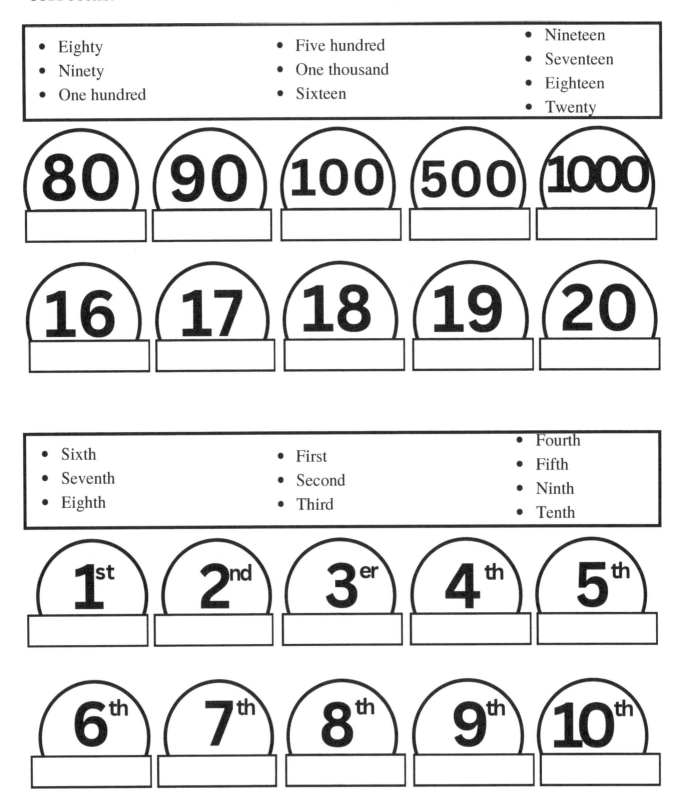

- Eighty
- Ninety
- One hundred
- Five hundred
- One thousand
- Sixteen
- Nineteen
- Seventeen
- Eighteen
- Twenty

- Sixth
- Seventh
- Eighth
- First
- Second
- Third
- Fourth
- Fifth
- Ninth
- Tenth

Body *(cuerpos)*

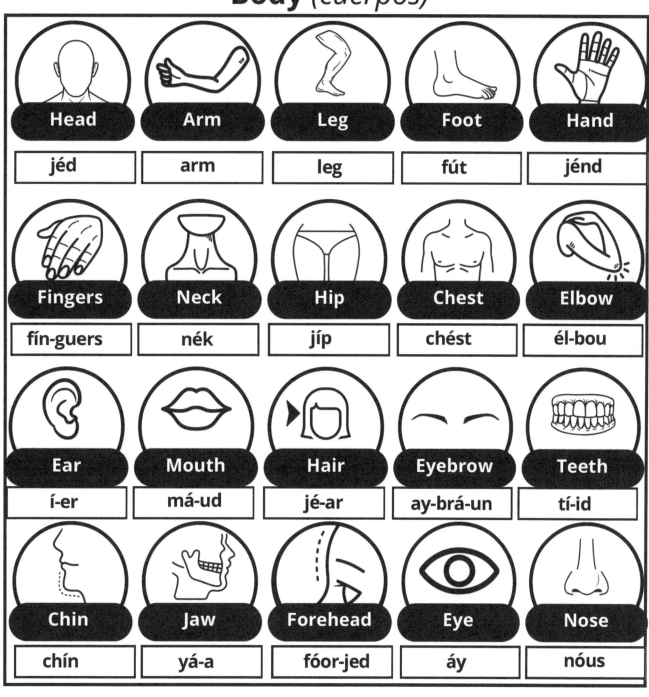

Head	**Arm**	**Leg**	**Foot**	**Hand**
jéd	arm	leg	fút	jénd
Fingers	**Neck**	**Hip**	**Chest**	**Elbow**
fín-guers	nék	jíp	chést	él-bou
Ear	**Mouth**	**Hair**	**Eyebrow**	**Teeth**
í-er	má-ud	jé-ar	ay-brá-un	tí-id
Chin	**Jaw**	**Forehead**	**Eye**	**Nose**
chín	yá-a	fóor-jed	áy	nóus

Seasons *(Estaciones)*

Spring	**Summer**	**Fall**	**Winter**
s-prín	sómer	fól	wín-ter

SCAN ME

Practice *(práctica)*

Lee las palabras que están en el cuadro y escribe debajo de la imagen. Cuando termines, vuelve a la página anterior para verificar si están correctas.

• Forehead	• Chin	• Eye	• Hair	• Leg
• Fingers	• Jaw	• Head	• Eyebrow	• Foot
• Neck	• Chest	• Ear	• Teeth	• Hand
• Hip	• Elbow	• Mouth	• Arm	• Nose

• Fall	• Winter	• Spring	• Summer

Colors *(colores)*

Mira la imagen y piensa en el color natural de la imagen.

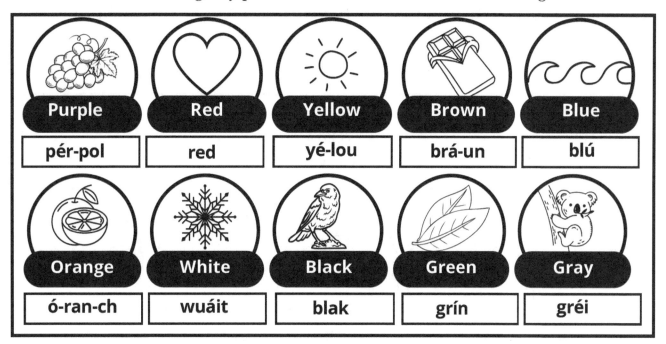

Purple	Red	Yellow	Brown	Blue
pér-pol	red	yé-lou	brá-un	blú

Orange	White	Black	Green	Gray
ó-ran-ch	wuáit	blak	grín	gréi

Days *(días)*

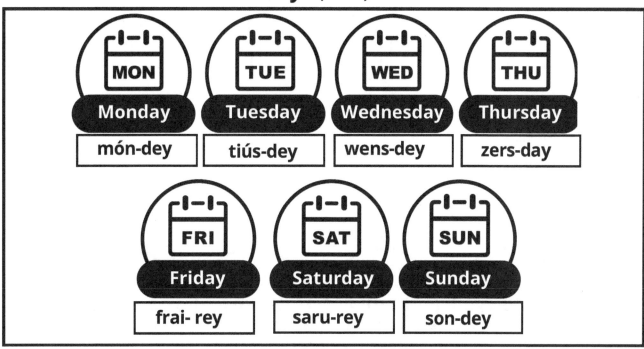

Monday	Tuesday	Wednesday	Thursday
món-dey	tiús-dey	wens-dey	zers-day

Friday	Saturday	Sunday
frai- rey	saru-rey	son-dey

Bono: Escuchar la pronunciación -->

SCAN ME

Practice (*práctica*)

Lee las palabras que están en el cuadro y escribe debajo de la imagen. Cuando termines, vuelve a la página anterior para verificar si están correctas.

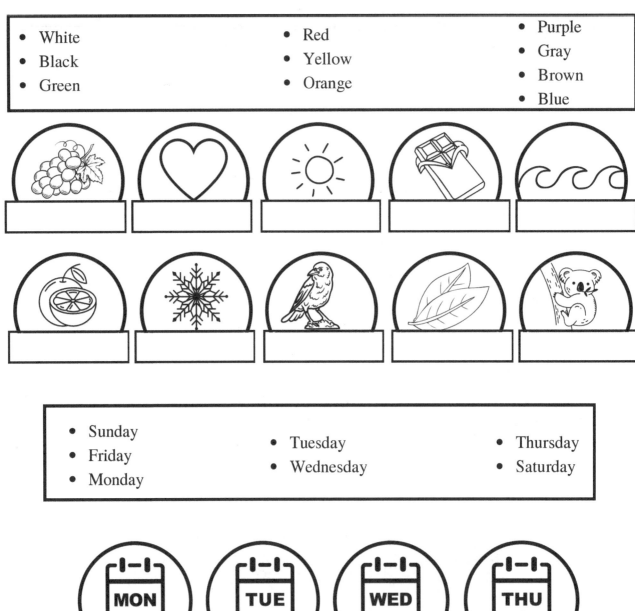

- White
- Black
- Green
- Red
- Yellow
- Orange
- Purple
- Gray
- Brown
- Blue

- Sunday
- Friday
- Monday
- Tuesday
- Wednesday
- Thursday
- Saturday

MON   TUE   WED   THU

FRI   SAT   SUN

Months *(meses)*

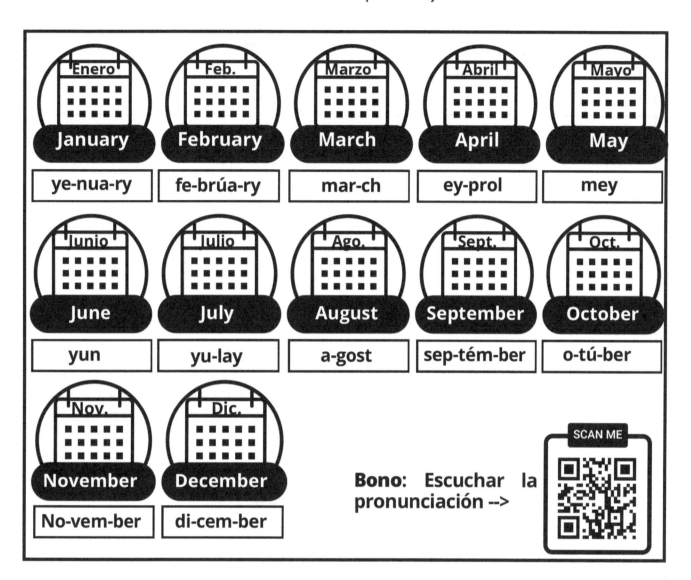

January	**February**	**March**	**April**	**May**
ye-nua-ry	fe-brúa-ry	mar-ch	ey-prol	mey
June	**July**	**August**	**September**	**October**
yun	yu-lay	a-gost	sep-tém-ber	o-tú-ber
November	**December**			
No-vem-ber	di-cem-ber			

Bono: Escuchar la pronunciación -->

SCAN ME

Times *(tiempo)*

Today (túu-dey) (hoy)
Yesterday (yes-ter-dey) (ayer)
Tomorrow (túu-mo-rou)
Morning (mór-níin) (en la mañana)
Afternoon (af-ter-núum) (tarde)
Evening (íf-vi-níin) (noche)
Night (náit) (noche)
Week (wíik) (semana)
Weekend (wíi-kend) (fin de semana)

Pronombres *(pronouns)*

Girl (géer) **niña**
Boy (boy) **niño**
Guy (gáay) **muchacho**
Women (úo-man) **mujer**
Men (men) **hombre**
Person (péerson) **persona**
People (pípol) **gente**
Friend (frend) **amigo**
Boyfriend (boy frend) **novio**
Girlfriend (géer frend) **novia**

Practice *(práctica)*

Lee las palabras que están en el cuadro y escribe debajo de la imagen. Cuando termines, vuelve a la página anterior para verificar si están correctas.

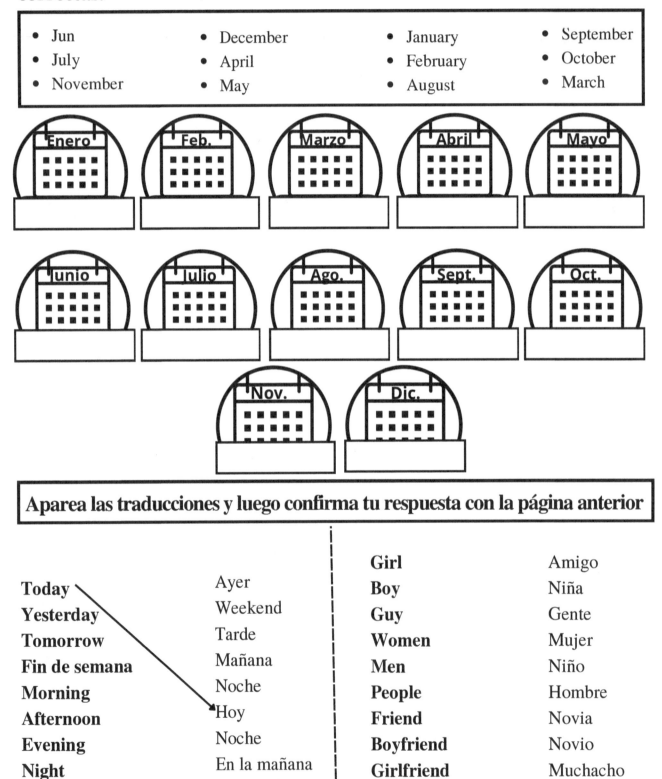

- Jun
- July
- November
- December
- April
- May
- January
- February
- August
- September
- October
- March

Aparea las traducciones y luego confirma tu respuesta con la página anterior

Today	Ayer	**Girl**	Amigo
Yesterday	Weekend	**Boy**	Niña
Tomorrow	Tarde	**Guy**	Gente
Fin de semana	Mañana	**Women**	Mujer
Morning	Noche	**Men**	Niño
Afternoon	Hoy	**People**	Hombre
Evening	Noche	**Friend**	Novia
Night	En la mañana	**Boyfriend**	Novio
		Girlfriend	Muchacho

Family *(familia)*

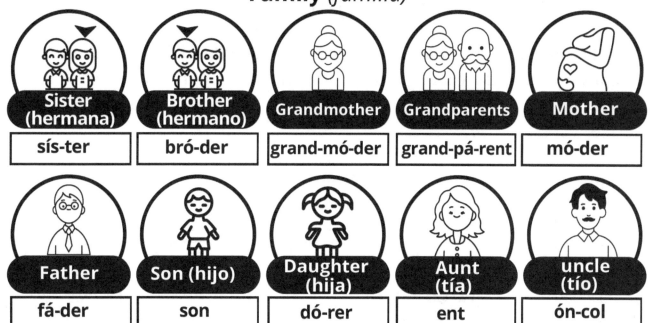

Sister (hermana)	Brother (hermano)	Grandmother	Grandparents	Mother
sís-ter	bró-der	grand-mó-der	grand-pá-rent	mó-der

Father	Son (hijo)	Daughter (hija)	Aunt (tía)	uncle (tío)
fá-der	son	dó-rer	ent	ón-col

Otros miembros de la familia

Nephew (sobrino) {Ne-fiu}
Niece (sobrina) {níiz}
Cousin (primo/a) {có-sin}
Husband (marido) {jós-band}
Wife (esposa){waif}
Stepfather (padrastro) {ste-fá-der}
Stepmother (madrastra){step-mó-der}
Stepson (hijastro){step-son}
Stepdaughter (hijastra) {step-dó-rer}
In-laws (suegros) {in-lóus}
Grandson (nieto) {gránd-son}
Granddaughter (nieta){grand-dórer}
Great-grandfather (bisabuelo) {greit- grand--fá-der}
Great-grandmother (bisabuela){greit-grand-mó-der}
Spouse (cónyuge){spó-us}
Partner (compañero/a) {pár-ner}
Mom(móom) {mami o mamá}

Bono: Escuchar la pronunciación -->

Practice (*práctica*)

Lee las palabras que están en el cuadro y escribe debajo de la imagen. Cuando termines, vuelve a la página anterior para verificar si están correctas.

- Grandparents
- Brother
- Father
- Daughter
- Aunt
- uncle
- Sister
- Mother
- Grandmother
- Son

Aparea las traducciones y luego confirma tu respuesta con la página anterior

Nephew	Mamá
Niece	Sobrino
Cousin	Esposa
Husband	Nieto
Wife	Sobrina
Grandson	Esposa
Granddaughter	Nieta
Mom	Primo

Emotions *(Emociones)*

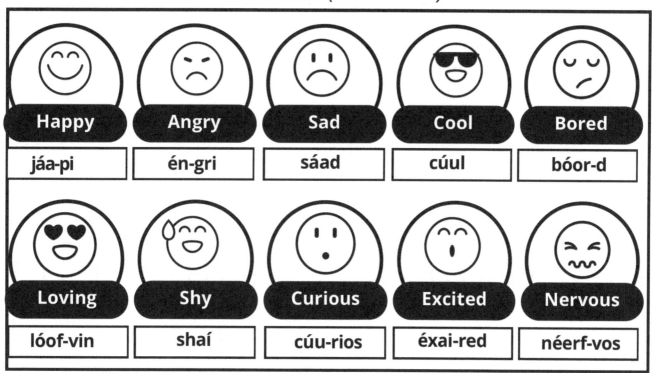

Happy	Angry	Sad	Cool	Bored
jáa-pi	én-gri	sáad	cúul	bóor-d

Loving	Shy	Curious	Excited	Nervous
lóof-vin	shaí	cúu-rios	éxai-red	néerf-vos

School *(Escuela)*

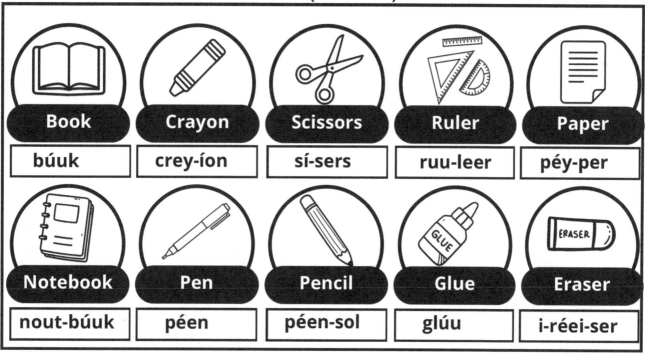

Book	Crayon	Scissors	Ruler	Paper
búuk	crey-íon	sí-sers	ruu-leer	péy-per

Notebook	Pen	Pencil	Glue	Eraser
nout-búuk	péen	péen-sol	glúu	i-réei-ser

Bono: Escuchar la pronunciación -->

SCAN ME

Practice (*práctica*)

Lee las palabras que están en el cuadro y escribe debajo de la imagen. Cuando termines, vuelve a la página anterior para verificar si están correctas.

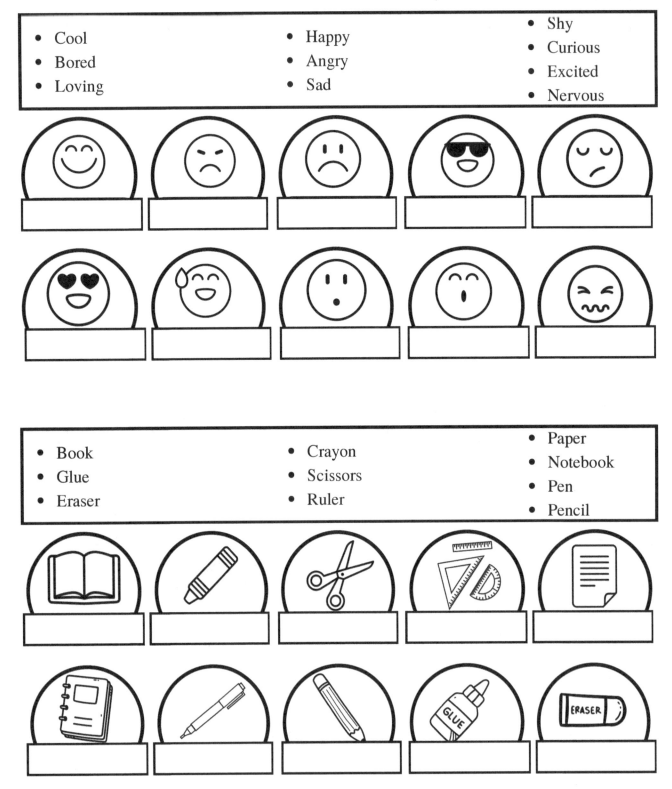

- Cool
- Bored
- Loving
- Happy
- Angry
- Sad
- Shy
- Curious
- Excited
- Nervous

- Book
- Glue
- Eraser
- Crayon
- Scissors
- Ruler
- Paper
- Notebook
- Pen
- Pencil

Cloths *(Ropa)*

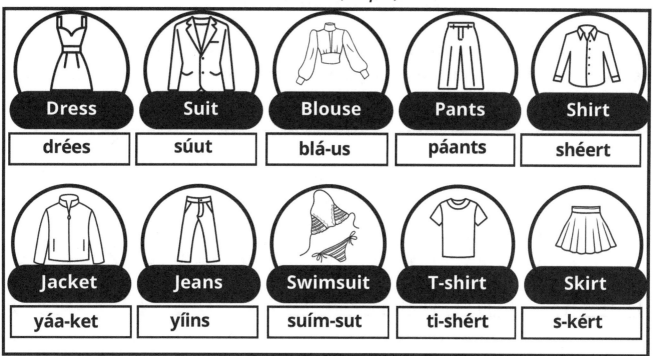

Dress	Suit	Blouse	Pants	Shirt
drées	súut	blá-us	páants	shéert

Jacket	Jeans	Swimsuit	T-shirt	Skirt
yáa-ket	yíins	suím-sut	ti-shért	s-kért

House *(casa)*

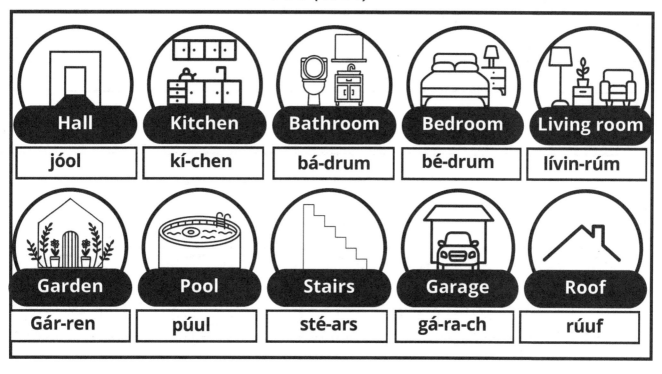

Hall	Kitchen	Bathroom	Bedroom	Living room
jóol	kí-chen	bá-drum	bé-drum	lívin-rúm

Garden	Pool	Stairs	Garage	Roof
Gár-ren	púul	sté-ars	gá-ra-ch	rúuf

Bono: Escuchar la pronunciación -->

Practice *(práctica)*

Lee las palabras que están en el cuadro y escribe debajo de la imagen. Cuando termines, vuelve a la página anterior para verificar si están correctas.

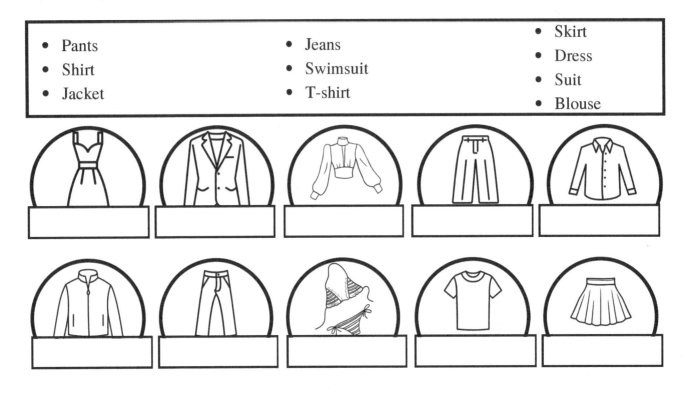

- Pants
- Shirt
- Jacket
- Jeans
- Swimsuit
- T-shirt
- Skirt
- Dress
- Suit
- Blouse

- Garden
- Pool
- Hall
- Kitchen
- Bathroom
- Bedroom
- Living room
- Stairs
- Garage
- Roof

Kitchen *(cocina)*

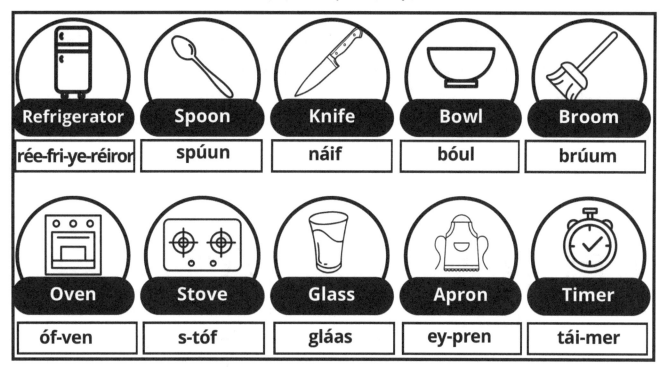

Refrigerator	**Spoon**	**Knife**	**Bowl**	**Broom**
rée-fri-ye-réiror	spúun	náif	bóul	brúum
Oven	**Stove**	**Glass**	**Apron**	**Timer**
óf-ven	s-tóf	gláas	ey-pren	tái-mer

Professions (Profesiones)

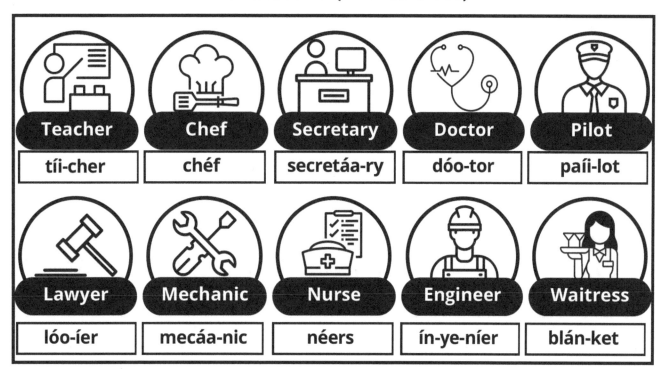

Teacher	**Chef**	**Secretary**	**Doctor**	**Pilot**
tíi-cher	chéf	secretáa-ry	dóo-tor	paíi-lot
Lawyer	**Mechanic**	**Nurse**	**Engineer**	**Waitress**
lóo-íer	mecáa-nic	néers	ín-ye-níer	blán-ket

Bono: Escuchar la pronunciación -->

SCAN ME

Practice *(práctica)*

Lee las palabras que están en el cuadro y escribe debajo de la imagen. Cuando termines, vuelve a la página anterior para verificar si están correctas.

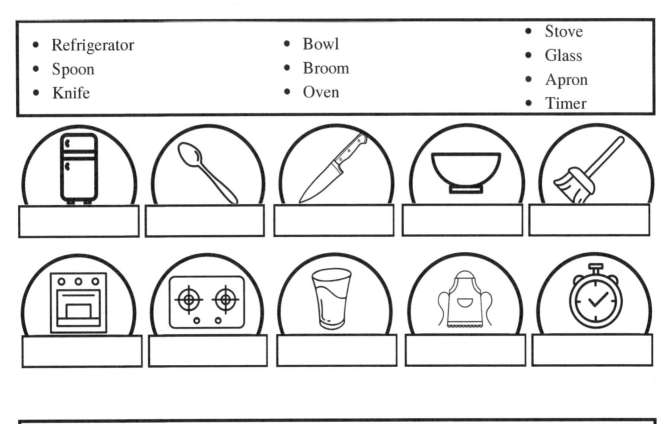

- Refrigerator
- Spoon
- Knife
- Bowl
- Broom
- Oven
- Stove
- Glass
- Apron
- Timer

- Mechanic
- Nurse
- Engineer
- Lawyer
- Waitress
- Teacher
- Chef
- Secretary
- Doctor
- Pilot

Pronombres sujetos (subject pronouns)

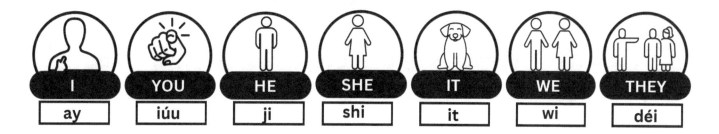

I	YOU	HE	SHE	IT	WE	THEY
ay	iúu	ji	shi	it	wi	déi

Los pronombres sujetos se utilizan como sujeto de la oración y son "I" (yo), "you" (tú/usted), "he" (él), "she" (ella), "it" (él/ella), "we" (nosotros) y "they" (ellos/ellas).

En inglés, el pronombre "you" puede ser utilizado tanto para referirse a una sola persona (tú/usted) como a varias personas (ustedes). En el primer caso, es informal y en el segundo caso es formal.

El pronombre "it" se utiliza para referirse a una cosa o a un animal, es decir, a un objeto inanimado o a un ser vivo sin identidad humana, como un gato, perro o libro.

Verbo to be

Bono: Escuchar la **pronunciación –>**

El verbo "to be" es un verbo auxiliar en inglés que se utiliza para **formar oraciones en tiempo presente y pasado,** así como también para formar oraciones continuas y pasivas.

Hay varias formas del verbo to be. "To be" también puede usarse como verbo principal para expresar identidad o existencia, como un ser humano.

Por ahora solo nos concentraremos en el tiempo presente y más adelante trabajaremos con los demás tiempo. **"AM, IS, ARE"**

Significa: "ser o estar" y su uso depende del pronombre (mirar la tabla.) --->
Ejemplo:
Ana **is** happy (Ana **está** feliz)
He **is** a doctor (Él **es** un doctor)
We **are** exited (Nostros **estamos** emocionado)
They **are** sad (Ellos **están** triste)

Pronombre	Verbo to be	Traducción
I	**am** (am)	estoy
SHE HE IT	**is** (iz)	es/está
YOU WE THEY	**are** (ar)	Está Estamos Están

Pronombres posesivos (Possessive pronouns)

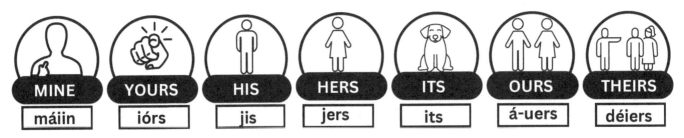

Los pronombres posesivos muestran propiedad o posesión y son "mine" (mío/a), "yours" (tuyo/a), "his" (suyo/a), "hers" (suyo/a), "its" (suyo/a), "ours" (nuestro/a) y "theirs" (suyo/a).

En inglés, los pronombres posesivos se forman añadiendo un apostrofe y la letra "s" al pronombre que ya aprendiste en la página anterior. Por ejemplo, "my" (mi) se convierte en "mine" (mío/a), y "your" (tu/su) se convierte en "yours" (tuyo/a). Ejemplo:

My book (**mi** libro)   **Yours** pen (**su** lápiz)

His crayons (**su** crayons)   **Hers** notebook (**su** cuaderno)

Adjetivos posesivos (Adjetive pronouns)

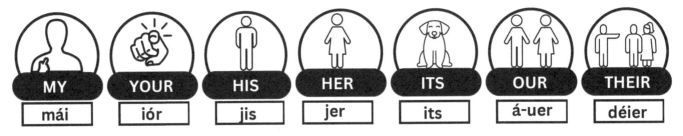

Los adjetivos posesivos en inglés se utilizan para mostrar a quién pertenece algo o alguien. Estos son "my, your, his, her, its, our, their". Por ejemplo:

My book (**Mi** libro)   **Your** skirt (Tu falda)   **His** pen (Su lápiz)   **Her** leg (su pierna)

Its tail (**su** cola)   **Our** Spoon (nuestra cuchara)   **Their** jackets (**sus** chaquetas)

Los adjetivos posesivos y los pronombres posesivos son similares en su función de mostrar a quién pertenece algo o alguien, pero su uso es diferente.

Adjetivos posesivos se usan antes de un sustantivo para modificarlo y mostrar su propiedad. Por ejemplo: "My car is red" (Mi coche es rojo).

Por otro lado, los pronombres posesivos se usan en lugar de un sustantivo **para mostrar propiedad.** Por ejemplo: "It's mine" (Es mío).

Resumen

Pronombre sujetos	Pronombres posesivos	Pronombres adjetivos
I	Mine	My
You	Yours	Yours
She	Hers	Her
He	His	His
It	Its	Its
We	Ours	Our
They	Thiers	Their
You	Yours	Yours

Practice

Coloca los pronombres personales como corresponde

HE	WE	IT	THEY	SHE

1. _____ is a doctor (Maria)
2. _____ is a teacher (Juan)
3. _____ are happy (Maria y Juan)
4. _____ is cool (el gato)
5. _____ are chefs (Maria and I)

Coloca el verbo "to be" donde corresponde

IS	ARE	AM

1. They_____ happy.
2. We_____ bored.
3. I_____ a teacher.
4. She_____ angry.
5. It_____ my book.
6. You_____ a secretary.
7. Ana and Maria _____ waitress.
8. It _____ a pen.

1. They are happy
2. We are bored
3. I am a teacher
4. She is angry
5. It. is my book
6. You _ a secretary
7. Ana and Maria are waitress
8. It is a pen

This (dís)

Significa este o esta, y se usa cuando va hablar de algo o alguien que esta **cerca** de ti.

Ejemplo: **This** is my car (**Este** es mi carro)

That (dáad)

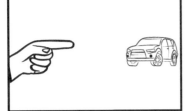

Significa ese o esa, y se usa cuando va hablar de algo o alguien que esta **lejos** de ti.

Ejemplo: **This** is my car (**Ese** es mi carro)

These (díis)

These es el plural de "this". Significa estos o estas.
Lo utilizas cuando va hablar de dos o más cosas que están **cerca** de ti.

Ejemplo: **These** are my car (**Esos** son mis carros)

Those (dóos)

Those es el plural de that. Significa (aquellos/aquellas).
Lo utilizas cuando va hablar de dos o más cosas que están **lejos** de ti.

Ejemplo: **Those** are my car (**Aquellos** son mis carros)

Parea con las imágenes correctas

This

Those

These

That

Practice

Complete las siguientes frases con los adjetivos posesivos apropiados:

our	your	my	her	their	its

a. This is _____ book. (I)

b. That is _____ car. (you)

c. Those are _____ skirt. (she)

d. The cat is sleeping on _____ bed. (it)

e. The house is _____. (we)

f. The dress is _____. (their)

Complete las siguientes frases con los pronombres posesivos apropiados, leyendo la traducción para darte una pista: Si lo olvidaste puedes volver a repasarlo.

a. This book is _____ . (ese libro es **mío**)

b. That is _____ car. (ese es **tú** carro)

c. Those are _____ skirts. (Esas son **sus** faldas)

d. The cat is sleeping on _____ bed. (El **gato** está durmiendo en su cama)

e. The house is _____. (La casa es **nuestra**)

f. The dress is _____. (El vestido es de **ellos**)

Respuestas

a. This is my book.

b. That is your car.

c. Those are her skirts.

d. The cat is sleeping on its bed.

e. The house is our.

f. The dress is their.

a. This book is mine.

b. That is your car.

c. Those are her skirts.

d. The cat is sleeping on its bed.

e. The house is our. (we)

f. The dress is their.

Nature (Naturaleza)

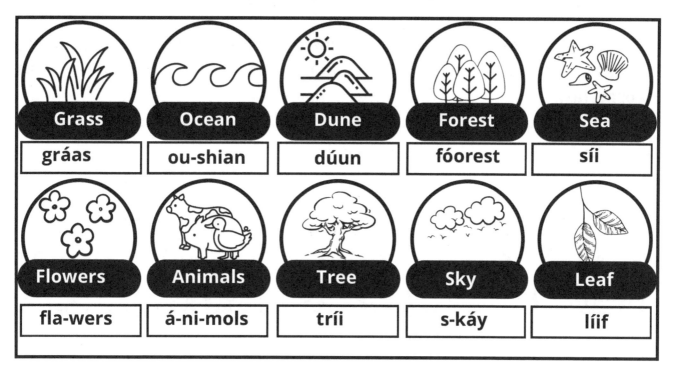

Grass	Ocean	Dune	Forest	Sea
gráas	ou-shian	dúun	fóorest	síi

Flowers	Animals	Tree	Sky	Leaf
fla-wers	á-ni-mols	tríi	s-káy	líif

Animals (Animales)

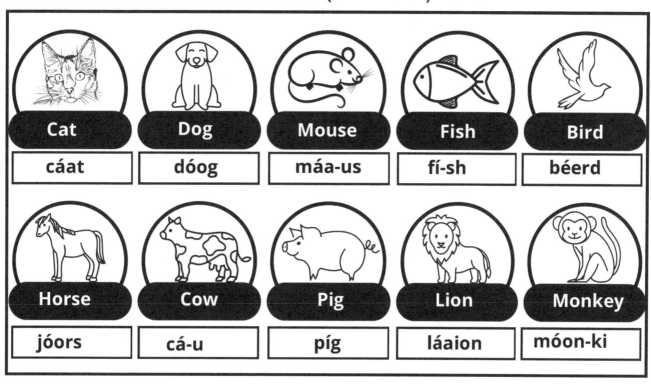

Cat	Dog	Mouse	Fish	Bird
cáat	dóog	máa-us	fí-sh	béerd

Horse	Cow	Pig	Lion	Monkey
jóors	cá-u	píg	láaion	móon-ki

Bono: Escuchar la pronunciación -->

45

Practice *(práctica)*

Lee las palabras que están en el cuadro y escribe debajo de la imagen. Cuando termines, vuelve a la página anterior para verificar si están correctas.

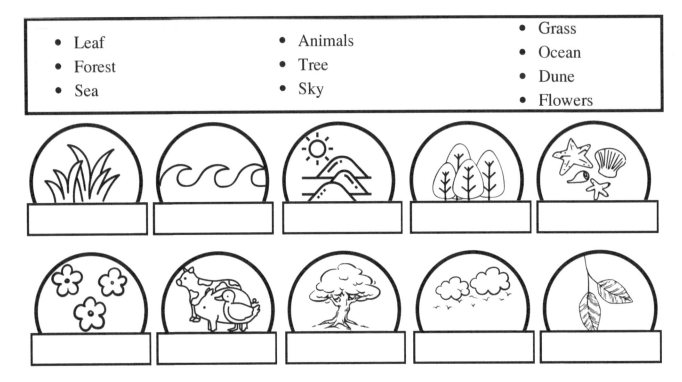

- Leaf
- Forest
- Sea
- Animals
- Tree
- Sky
- Grass
- Ocean
- Dune
- Flowers

- Bird
- Lion
- Pig
- Cat
- Dog
- Horse
- Cow
- Monkey
- Mouse
- Fish

Bathroom (Baño)

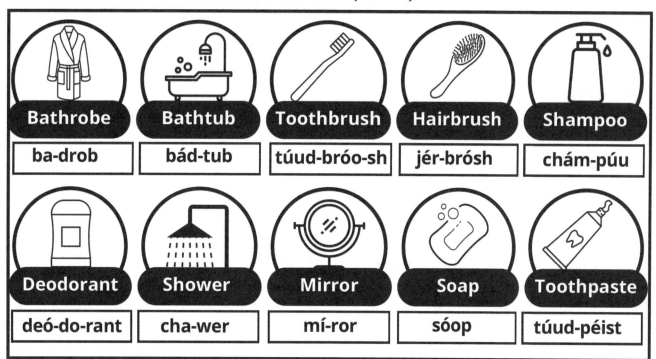

Bathrobe	Bathtub	Toothbrush	Hairbrush	Shampoo
ba-drob	bád-tub	túud-bróo-sh	jér-brósh	chám-púu

Deodorant	Shower	Mirror	Soap	Toothpaste
deó-do-rant	cha-wer	mí-ror	sóop	túud-péist

Bedroom (habitación)

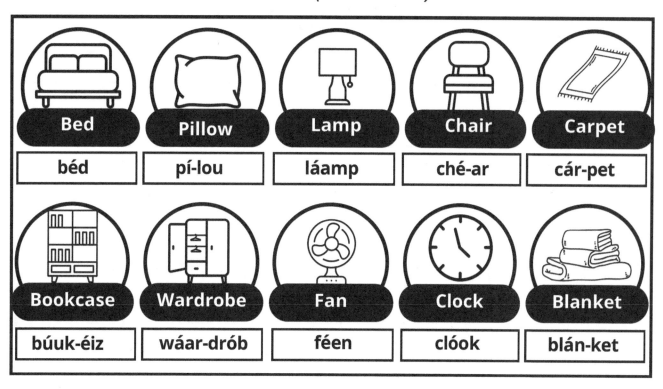

Bed	Pillow	Lamp	Chair	Carpet
béd	pí-lou	láamp	ché-ar	cár-pet

Bookcase	Wardrobe	Fan	Clock	Blanket
búuk-éiz	wáar-drób	féen	clóok	blán-ket

Bono: Escuchar la pronunciación -->

SCAN ME

Practice *(práctica)*

Lee las palabras que están en el cuadro y escribe debajo de la imagen. Cuando termines, vuelve a la página anterior para verificar si están correctas.

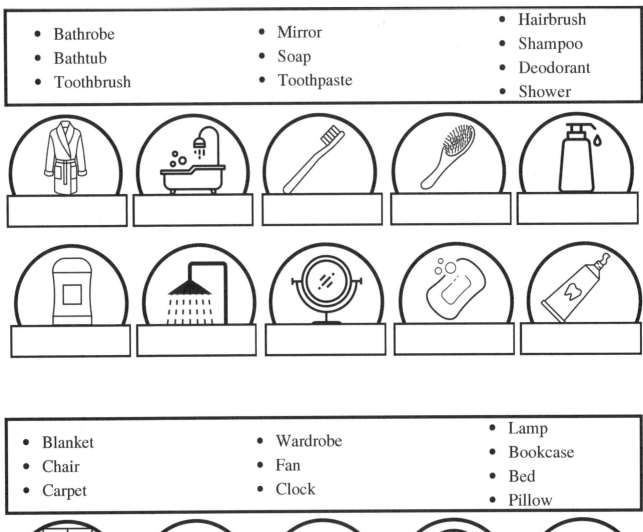

- Bathrobe
- Bathtub
- Toothbrush
- Mirror
- Soap
- Toothpaste
- Hairbrush
- Shampoo
- Deodorant
- Shower

- Blanket
- Chair
- Carpet
- Wardrobe
- Fan
- Clock
- Lamp
- Bookcase
- Bed
- Pillow

Hospital *(Hospital)*

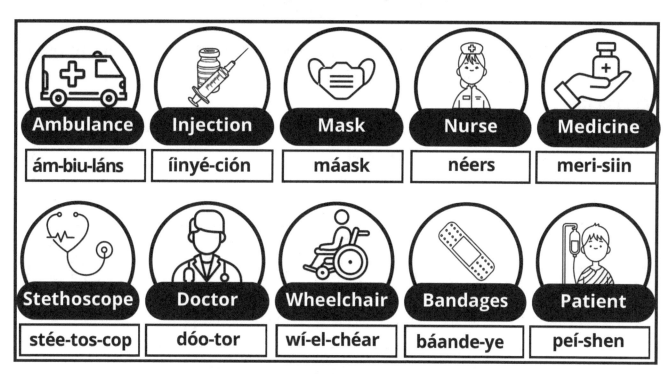

Ambulance	Injection	Mask	Nurse	Medicine
ám-biu-láns	íinyé-ción	máask	néers	meri-siin

Stethoscope	Doctor	Wheelchair	Bandages	Patient
stée-tos-cop	dóo-tor	wí-el-chéar	báande-ye	peí-shen

Weather *(Clima)*

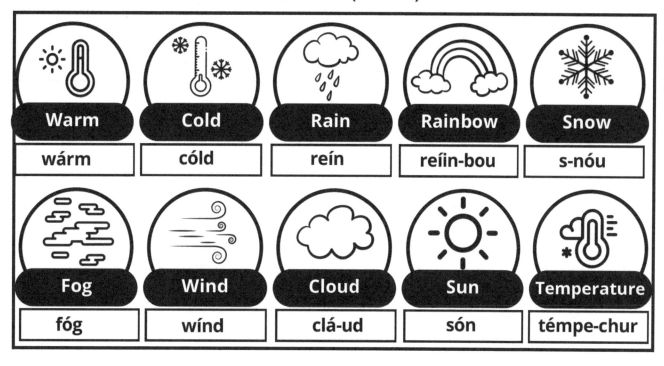

Warm	Cold	Rain	Rainbow	Snow
wárm	cóld	reín	reíin-bou	s-nóu

Fog	Wind	Cloud	Sun	Temperature
fóg	wínd	clá-ud	són	témpe-chur

Bono: Escuchar la pronunciación -->

Practice *(práctica)*

Lee las palabras que están en el cuadro y escribe debajo de la imagen. Cuando termines, vuelve a la página anterior para verificar si están correctas.

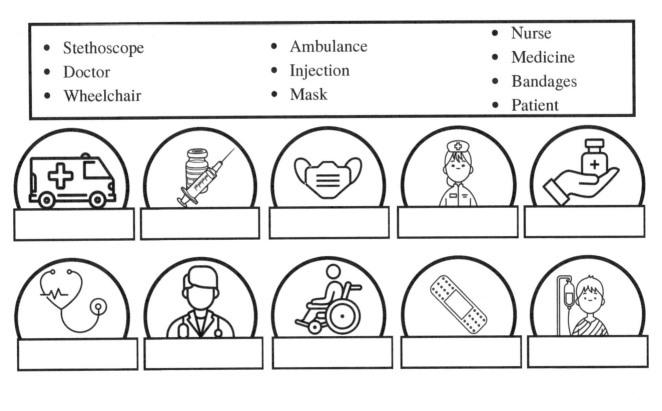

- Stethoscope
- Doctor
- Wheelchair
- Ambulance
- Injection
- Mask
- Nurse
- Medicine
- Bandages
- Patient

- Rain
- Rainbow
- Snow
- Cloud
- Sun
- Temperature
- Warm
- Cold
- Fog
- Wind

Places *(Lugares)*

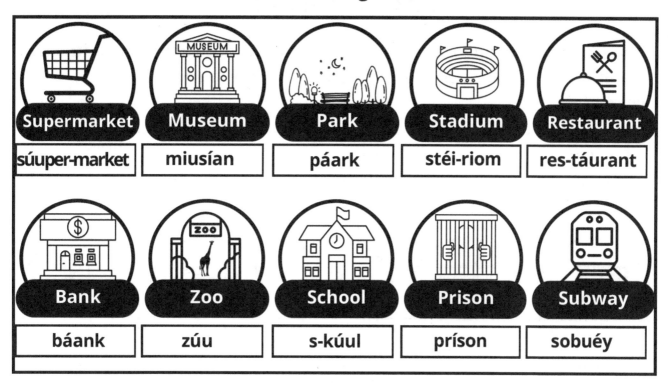

Supermarket	**Museum**	**Park**	**Stadium**	**Restaurant**
súuper-market	miusían	páark	stéi-riom	res-táurant
Bank	**Zoo**	**School**	**Prison**	**Subway**
báank	zúu	s-kúul	príson	sobuéy

Transport *(transporte)*

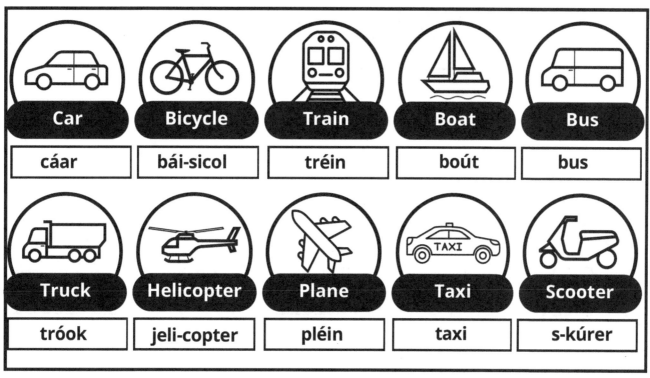

Car	**Bicycle**	**Train**	**Boat**	**Bus**
cáar	bái-sicol	tréin	boút	bus
Truck	**Helicopter**	**Plane**	**Taxi**	**Scooter**
tróok	jeli-copter	pléin	taxi	s-kúrer

Bono: Escuchar la pronunciación -->

Practice (*práctica*)

Lee las palabras que están en el cuadro y escribe debajo de la imagen. Cuando termines, vuelve a la página anterior para verificar si están correctas.

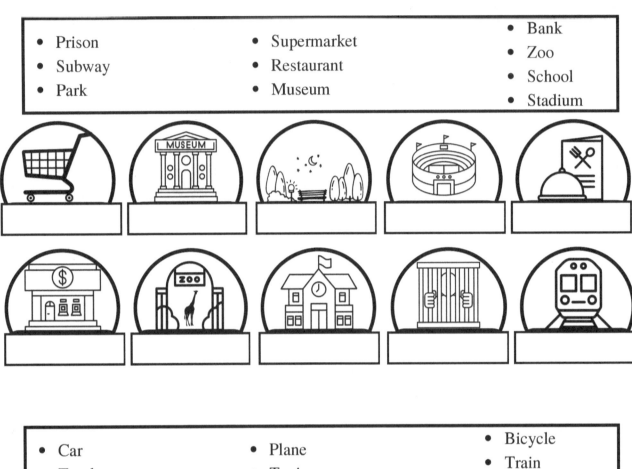

- Prison
- Subway
- Park
- Supermarket
- Restaurant
- Museum
- Bank
- Zoo
- School
- Stadium

- Car
- Truck
- Helicopter
- Plane
- Taxi
- Scooter
- Bicycle
- Train
- Boat
- Bus

Hobbies *(Pasatiempos)*

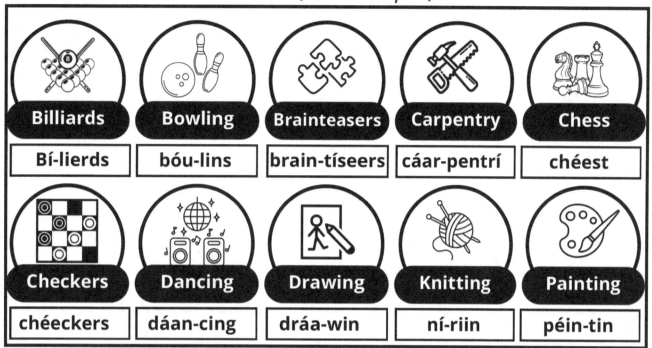

Billiards	Bowling	Brainteasers	Carpentry	Chess
Bí-lierds	bóu-lins	brain-tíseers	cáar-pentrí	chéest

Checkers	Dancing	Drawing	Knitting	Painting
chéeckers	dáan-cing	dráa-win	ní-riin	péin-tin

Outdoor Activities *(Actividades al aire libre)*

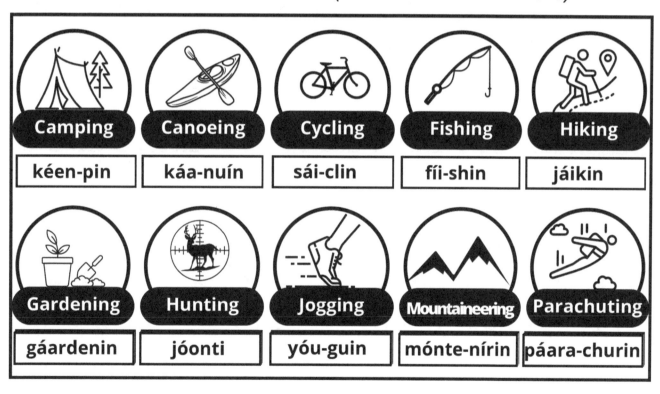

Camping	Canoeing	Cycling	Fishing	Hiking
kéen-pin	káa-nuín	sái-clin	fíi-shin	jáikin

Gardening	Hunting	Jogging	Mountaineering	Parachuting
gáardenin	jóonti	yóu-guin	mónte-nírin	páara-churin

Bono: Escuchar la pronunciación -->

Practice *(práctica)*

Lee las palabras que están en el cuadro y escribe debajo de la imagen. Cuando termines, vuelve a la página anterior para verificar si están correctas.

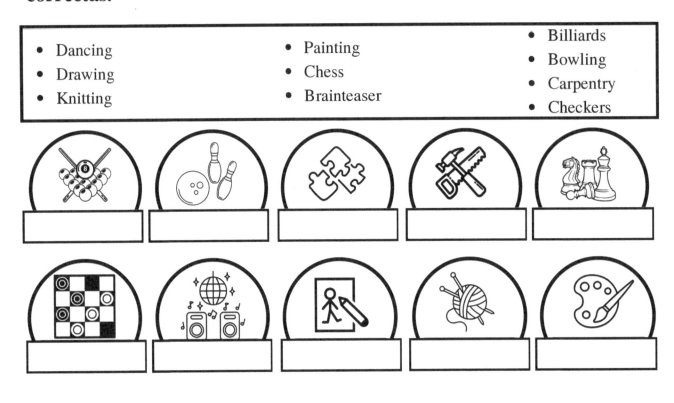

- Dancing
- Drawing
- Knitting
- Painting
- Chess
- Brainteaser
- Billiards
- Bowling
- Carpentry
- Checkers

- Gardening
- Hunting
- Camping
- Canoeing
- Cycling
- Fishing
- Hiking
- Jogging
- Parachuting
- Mountaineering

Instruments (Instrumentos)

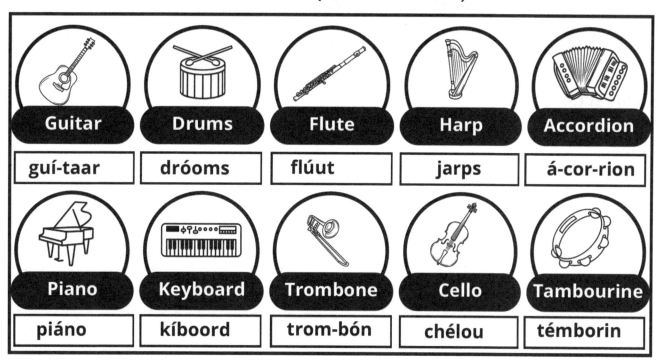

Guitar	Drums	Flute	Harp	Accordion
guí-taar	dróoms	flúut	jarps	á-cor-rion

Piano	Keyboard	Trombone	Cello	Tambourine
piáno	kíboord	trom-bón	chélou	témborin

Technology (Tecnología)

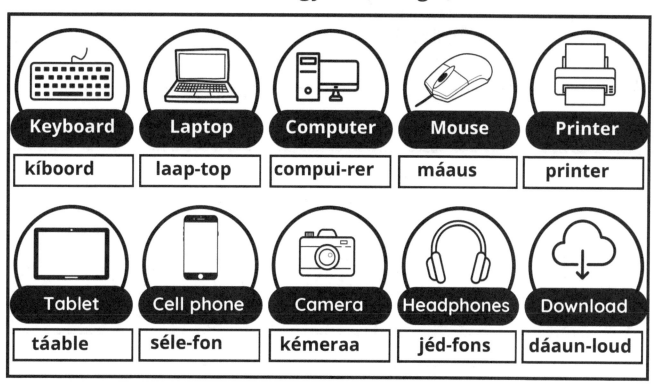

Keyboard	Laptop	Computer	Mouse	Printer
kíboord	laap-top	compui-rer	máaus	printer

Tablet	Cell phone	Camera	Headphones	Download
táable	séle-fon	kémeraa	jéd-fons	dáaun-loud

Bono: Escuchar la pronunciación -->

SCAN ME

Practice (*práctica*)

Lee las palabras que están en el cuadro y escribe debajo de la imagen. Cuando termines, vuelve a la página anterior para verificar si están correctas.

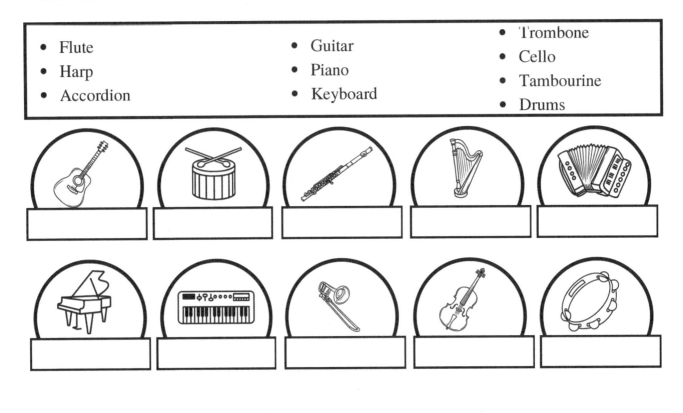

- Flute
- Harp
- Accordion
- Guitar
- Piano
- Keyboard
- Trombone
- Cello
- Tambourine
- Drums

- Printer
- Tablet
- Cell phone
- Keyboard
- Laptop
- Computer
- Mouse
- Camera
- Headphones
- Download

Illnesses (Enfermedades)

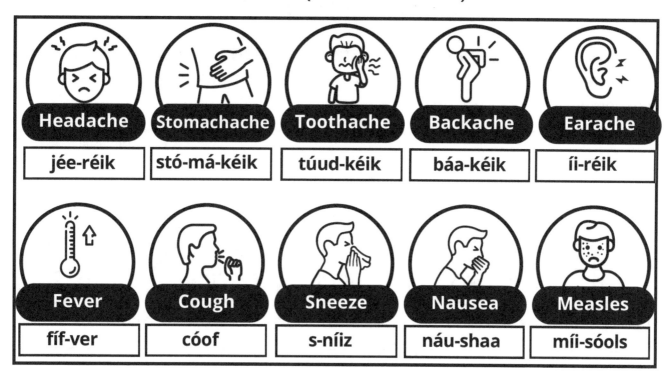

Headache	Stomachache	Toothache	Backache	Earache
jée-réik	stó-má-kéik	túud-kéik	báa-kéik	íi-réik

Fever	Cough	Sneeze	Nausea	Measles
fíf-ver	cóof	s-níiz	náu-shaa	míi-sóols

Sports (Deportes)

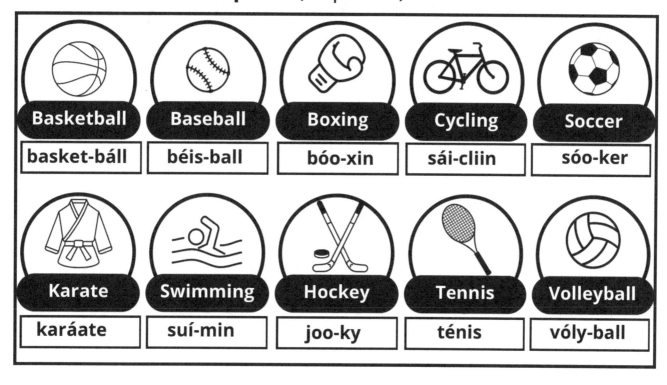

Basketball	Baseball	Boxing	Cycling	Soccer
basket-báll	béis-ball	bóo-xin	sái-cliin	sóo-ker

Karate	Swimming	Hockey	Tennis	Volleyball
karáate	suí-min	joo-ky	ténis	vóly-ball

Bono: Escuchar la pronunciación -->

Practice (*práctica*)

Lee las palabras que están en el cuadro y escribe debajo de la imagen.
Cuando termines, vuelve a la página anterior para verificar si están
correctas.

- Fever
- Cough
- Sneeze

- Nausea
- Measles
- Headache

- Toothache
- Backache
- Earache
- Stomachache

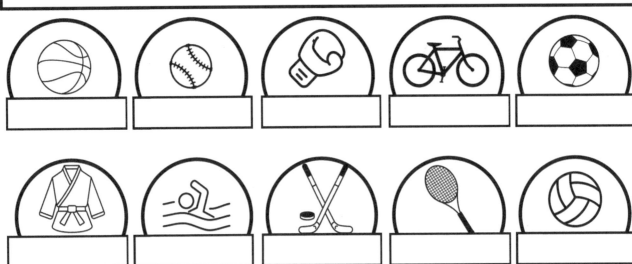

- Karate
- Swimming
- Hockey

- Baseball
- Boxing
- Tennis

- Basketball
- Volleyball
- Cycling
- Soccer

Car (carro)

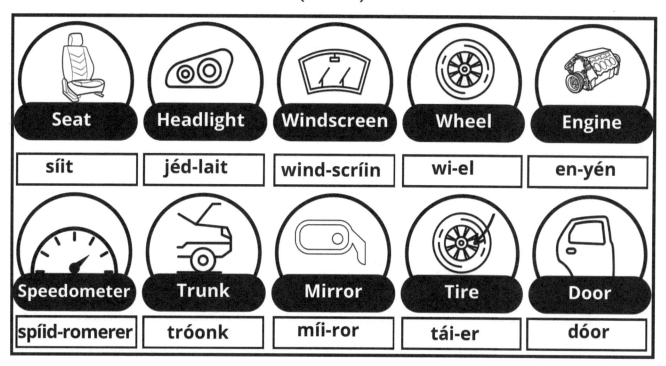

Seat	Headlight	Windscreen	Wheel	Engine
síit	jéd-lait	wind-scríin	wi-el	en-yén

Speedometer	Trunk	Mirror	Tire	Door
spíid-romerer	tróonk	míi-ror	tái-er	dóor

Airport (Aeropuerto)

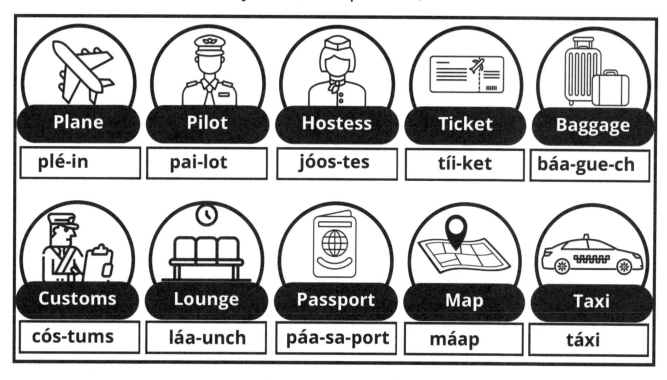

Plane	Pilot	Hostess	Ticket	Baggage
plé-in	pai-lot	jóos-tes	tíi-ket	báa-gue-ch

Customs	Lounge	Passport	Map	Taxi
cós-tums	láa-unch	páa-sa-port	máap	táxi

Bono: Escuchar la pronunciación -->

SCAN ME

Practice (*práctica*)

Lee las palabras que están en el cuadro y escribe debajo de la imagen. Cuando termines, vuelve a la página anterior para verificar si están correctas.

- Seats
- Headlights
- Windscreen
- Wheel
- Engine
- Trunk
- Mirror
- Tire
- Door
- Speedometer

- Ticket
- Baggage
- Customs
- Passport
- Map
- Taxi
- Plane
- Pilot
- Hostess
- Lounge

Countries (Países)

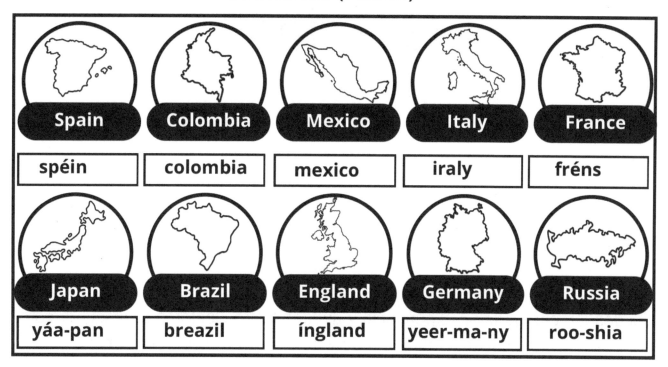

Spain	**Colombia**	**Mexico**	**Italy**	**France**
spéin	colombia	mexico	iraly	fréns
Japan	**Brazil**	**England**	**Germany**	**Russia**
yáa-pan	breazil	íngland	yeer-ma-ny	roo-shia

Nationalities (Nacionalidades)

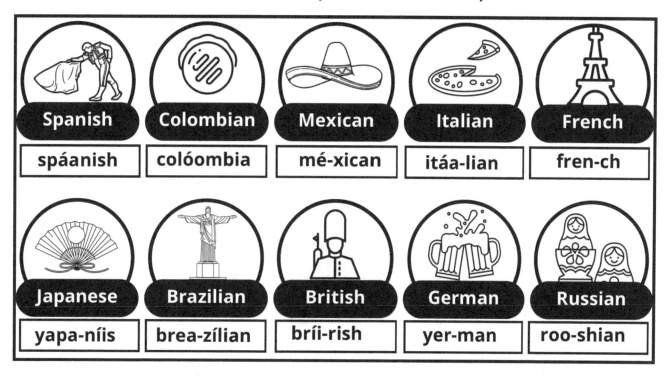

Spanish	**Colombian**	**Mexican**	**Italian**	**French**
spáanish	colóombia	mé-xican	itáa-lian	fren-ch
Japanese	**Brazilian**	**British**	**German**	**Russian**
yapa-níis	brea-zílian	bríi-rish	yer-man	roo-shian

Bono: Escuchar la pronunciación -->

SCAN ME

Gracias

Espero que estén disfrutando de este libro tanto como yo disfruté escribiéndolo.

Si desean compartir su experiencia y ayudar a otros lectores a descubrir este libro, los invito a escanear el QR code y dejarme una reseña en Amazon.

Estaré agradecida por cada palabra amable que compartan conmigo.

Adverbs (Adverbios)

Los adverbios son palabras que describen cómo, cuándo, dónde o con qué frecuencia ocurre la acción expresada por el verbo. Por ejemplo: I walked **quickly** "caminé **rápidamente**".

Quickly (quíi-cli)	rápidamente
Slowly (s-lóu-ly)	lentamente
Loudly (lóud-ly)	ruidosamente
Softly (sóofo-ly)	suavemente
Well (wel)	bien
Badly (báad-ly)	mal
Early (ér-ly)	temprano
Late (léeit)	tarde
Here (jí-er)	aquí
There (dé-ar)	allí
Always (ó-weis)	siempre
Never (né-ver)	nunca
Occasionally (ókey-shio-naly)	ocasionalmente
Frequently (fré-quen-ly)	frecuentemente
Usually (ushuá-ly)	usualmente
Almost (ó-most)	casi
Completely (complít-ly)	completamente
Clearly (clí-er-ly)	claramente
Suddenly (sú-ren-ly)	repentinamente
Immediately (ími-ria-ly)	inmediatamente
Actually (áchua-ly)	en realidad
Naturally (nátu-raly)	naturalmente
Obviously (óvious-ly)	obviamente
Especially (espé-chia-ly)	especialmente
Basically (béi-si-cli)	básicamente

<--Lee 3 veces o más

Bono: Escuchar la pronunciación.

63

Traduce los adverbios

Quickly (quíicli)	
Slowly (slóuly)	
Loudly (lóuly)	
Softly (sóofoly)	
Well (wel)	
Badly (báadly)	
Early (érly)	
Late (léeit)	
Here (jíer)	
There (déar)	
Always (óweis)	
Never (néver)	
Occasionally (ókey-shionaly)	
Frequently (fréquenly)	
Usually (ushuá-ly)	
Almost (ómost)	
Completely (complíily)	
Clearly (clíerly)	
Suddenly (súrenly)	
Immediately (ínmirialy)	
Actually (áchualy)	
Naturally (náturaly)	
Obviously (óviously)	
Especially (espéchialy)	
Basically (béisicli)	

Adjective
(Adjetivos)

Lee 3 veces o más

Acid (áacid)	Ácido
Angry (éngri)	Enfadado
Asleep (aés-líip)	Dormido
Awake (awéik)	Despierto
Bad (báad)	Malo
Beautiful (bíu-rifol)	Precioso
Bitter (bírer)	Agrio
Bright (bráit)	Brillante
Cheap (chíip)	Barato
Clean (clíin)	Limpio
Clear (clíar)	Claro
Cold (cold)	Frío
Cool (cúul)	Fresco
Cruel (crúol)	Cruel
Deep (díip)	Profundo
Delicate (deli-keit)	Delicado
Different (díferent)	Diferente
Dirty (déri)	Sucio
Dry (drái)	Seco
Early (erli)	Temprano
Exhausted (exáausted)	Agotado
False (fóls)	Falso

Far (fáar)	Lejos
Fat (fáat)	Gordo
Feeble (fíibol)	Débil
Flat (fláat)	Llano
Foolish (fúulish)	Tonto, estúpido
Free (fri)	Libre
Full (fúul)	Lleno
Generous (yénerous)	Generoso
Good (gúud)	Bueno
Great (gréeit)	Estupendo
Handsome (jánd-som)	Atractivo
Happy (jáapi)	Feliz
Hard (jáard)	Duro
Healthy (jéldi)	Saludable
Heavy (jevi)	Pesado
High (jai)	Alto
Hollow (jalóu)	Hueco
Hot (jot)	Caliente
Huge (juish)	Enorme
Hungry (jóngrii)	Hambriento
Ill (íel)	Enfermo
Left (left)	Izquierda
Light (láit)	Ligero
Long (loong)	Largo

Bono: Escuchar la pronunciación

SCAN ME

Adjective (Adjetivos)

Lee 3 veces o más

Loud (laod)	Ruidoso
Lovely (lóofli)	Bonito
Mean (míin)	Tacaño
Messy (máasi)	Desordenado
Natural (náatural)	Natural
Narrow (náarou)	Estrecho
Near (níer)	Cerca
Necessary (nesesary)	Necesario
New (níiu)	Nuevo
Old (old)	Viejo
Open (ópen)	Abierto
Opposite (óposit)	Contrario
Parallel (pérolou)	Paralelo
Poor (poor)	Pobre
Private (práif-vat)	Privado
Quick (quíik)	Rápido
Quiet (cuaíet)	Tranquilo
Ready (réedi)	Preparado
Rich (rich)	Rico
Right (ruait)	Derecha, correcto
Rough (rúuf)	Áspero
Sad (sáad)	Triste
Safe (séif)	Seguro
Serious (síirious)	Serio
Sharp (sháarp)	Afilado

Short (shoort)	Corto
Shut (shóot)	Cerrado
Simple (símpol)	Simple
Smooth (smúud)	Fino, delicado
Soft (soft)	Suave
Solid (sólid)	Sólido
Special (spesial)	Especial
Spicy (spáisi)	Picante
Steep (stíip)	Empinado
Sticky (stíiki)	Pegajoso
Straight (stréit)	Recto, directo
Strange (stréench)	Extraño
Strong (stróong)	Fuerte
Sudden (súuren)	Repentino
Sweet (suíit)	Dulce
Thick (dik)	Grueso
Thin (din)	Delgado
Tight (taíit)	Ajustado, ceñido
Tired (táierd)	Cansado
True (trú)	Verdadero
Ugly (ogli)	Feo
Violent (vaíolet)	Violento
Warm (waarm)	Caluroso, caliente
Weak (wíik)	Débil
Wet (wét)	Húmedo
Wide (waid)	Ancho
Wise (wais)	Sabio

Bono: Escuchar la pronunciación

Traduce los adjetivos

Asleep _____

Bad _____

Beautiful_____

Cheap_____

Dirty_____

Good_____

Great_____

Hard_____

Heavy_____

Huge_____

Ill_____

Loud_____

Near_____

New_____

Old_____

Rich_____

Safe_____

Short_____

Strange_____

Hungry_____

Tired_____

Wet_____

Weak_____

Ugly_____

Quiet_____

Wise_____

Ready_____

Strong_____

Haz 3 oraciones usando los adjetivos: "bad, new and old" Ej: My car is new.

1._____

2._____

3._____

Listas de preposiciones más usadas en Inglés

of (of) - **de**	**after** (áfter) - **después de**	**within** (widín) - **dentro de**
in (in) - **en**	**over** (of-ver) - **sobre**	**among** (amóng) - **entre**
to (tu) - **a**	**between** (bi-tui-in) - **entre**	**upon** (upón) - **sobre**
with (wíid) - **con**	**out** (áot) - **fuera**	**toward** (tó-waard) - **hacia**
for (for) - **para**	**against** (é-geinst) - **contra**	**beside** (bi-sáid) - **al lado de**
on (on) - **en**	**during** (diú-rin) - **durante**	**behind** (bi-jáind) - **detrás de**
by (bay) - **por**	**without** (widáot) - **sin**	**beyond** (bi-íon) - **más allá de**
about (abáa-ot) - **acerca**	**before** (bi-fó-ar) - **antes**	**inside** (in-sáid) - **dentro**
like (láik) - **como**	**under** (ónder) - **debajo de**	**despite** (dis-páit) - **a pesar de**
through (dróou) - **a través**	**around** (ará-und) - alrededor de	**except** (exépt) - **excepto**

de

Ejemplos de preposiciones en oraciones

Las **preposiciones** en inglés son palabras que indican una **relación espacial o temporal** entre objetos o eventos. Son importantes para construir frases coherentes y con sentido. Algunos ejemplos de preposiciones en inglés son: "in", "on", "at", "by", "with", etc.

Ejemplos:

"The book is **on** the table." (El libro está **sobre** la mesa.)

"I will meet you **at** the park." (Te encontraré **en** el parque.)

"She is sitting **in** the car." (Ella está sentada **en** el coche.)

"I will be there **by** 5 PM." (Estaré allí **a** las 5 PM.)

"I will play the guitar **with** my friends." (Tocaré la guitarra **con** mis amigos.)

Algunas preposiciones también pueden indicar **dirección o movimiento**, como "to", "from", "towards", "into", etc.

Ejemplos:

- "I am going **to** the store." (Estoy yendo **a la** tienda.)
- "The cat jumped **from** the roof." (El gato saltó **desde** el tejado.)
- "She is walking **towards** the beach." (Ella está caminando **hacia** la playa.)
- "He threw the ball **into** the basket." (Él lanzó la pelota **en la** canasta.)

Además de las preposiciones de lugar y movimiento, también existen preposiciones que **indican tiempo**, como "in", "on", "at", "by", etc.

Ejemplos:

- "I will see you **in** the morning." (Te veré **por** la mañana.)
- "The party is **on** Saturday." (La fiesta **es** el sábado.)
- "She will arrive **at** 6 PM." (Ella llegará **a** las 6 PM.)
- "The work must be finished **by** tomorrow." (El trabajo debe estar terminado **para** mañana.)

Pronombres indefinidos

Los pronombres de cantidad en inglés son aquellos que se utilizan para indicar la cantidad de algo:

- **Some** (sóm): algo, algunos, algunas.

Can I have **some** water, please? (¿Puedo tener **algo** de agua, por favor?)

- **Any** (ény) cualquier, alguno.

Do you have **any** plans for the weekend? (¿Tienes **algún** plan para el fin de semana?)

- **Few** (fíu): pocos, pocas.

There are **few** apples left. (Quedan **pocas** manzanas.)

- **Many** (mény): muchos, muchas.

There are **many** people here. (Hay **muchas** personas aquí.)

- **Most** (móst): la mayoría.

Most of the students passed the test. (**La mayoría** de los estudiantes aprobaron la prueba.)

- **Little** (líror): poco, poca.

There's **little** food left. (Queda **poco** comida.)

- **A lot of** (alórof): mucho, mucha.

There's **a lot of** traffic today. (Hay **mucho** tráfico hoy.)

Pronombres de negación

Los pronombres de negación en inglés son aquellos que se utilizan para negar o refutar una afirmación o sujeto.

Not (nót) "no"
Neither (níder) : ni...ni"
No: no
Nobody (nóubary) : "nadie"
Nothing (nátin): "nada"
Nowhere: "en ningún lugar"

Ejemplos de como se usan

- "**not**": se coloca después del verbo auxiliar o después del verbo principal si no hay verbo auxiliar. Ejemplo "I am **not** going to the party." "**No** voy a la fiesta."

- "**neither**...**nor**": se utiliza para negar dos cosas al mismo tiempo. Ejemplo: "**Neither** John nor Jane is coming to the meeting." "**Ni** Juan **ni** Ana van a la reunión."

- "**no**": se utiliza para negar un sustantivo o una acción en general. Ejemplo "No dogs are allowed in the park." "No se permiten perros en el parque."

- "**nobody**": se utiliza para negar una persona. Ejemplo: "**Nobody** knows the answer." "**Nadie** sabe la respuesta."

- "**nothing**": se utiliza para negar una cosa. Ejemplo: "**Nothing** is wrong." "**Nada** está mal."

- "**nowhere**": se utiliza para negar un lugar. Ejemplo en inglés: "Nowhere to go." "No hay adónde ir."

Pronombres de lugares

1. **There** (déar) **allá**
2. **Everywhere** (ebri-wéar)
3. **Anywhere** (eny-wéar)
4. **Nowhere** (no-wéar)
5. **Anyplace** (eny-pléis)
6. **Somewhere** (som-wéar)

Ejemplos:

- **"anywhere"**: se utiliza para hacer referencia a un lugar no específico. Ejemplo en inglés: "Can you go anywhere for the holidays?" Traducción al español: "¿Puedes ir a cualquier lugar para las vacaciones?"

- **"nowhere"**: se utiliza para hacer referencia a un lugar que no existe o no está disponible. Ejemplo en inglés: "There's nowhere to hide." Traducción al español: "No hay lugar donde esconderse."

- **"everywhere"**: se utiliza para hacer referencia a un lugar en todas partes. Ejemplo en inglés: "People are talking about it everywhere." Traducción al español: "La gente está hablando de ello en todas partes."

- **"anyplace"**: se utiliza para hacer referencia a cualquier lugar. Ejemplo en inglés: "Can we meet anyplace for lunch?" Traducción al español: "¿Podemos encontrarnos en cualquier lugar para el almuerzo?"

- **"somewhere"**: se utiliza para hacer referencia a un lugar no específico. Ejemplo en inglés: "We can go somewhere else for dinner." Traducción al español: "Podemos ir a otro lugar para la cena."

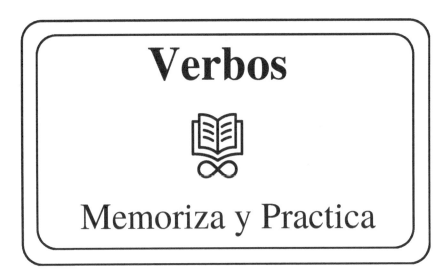

Verbos

Memoriza y Practica

Al final de todas las imágenes se encuentras las traducciones a español en caso de que tengas duda. Pero trata de entender o tener una idea, para de esta manera aprenderlo más natural.

Nota: Escribe en cartillas los verbos y llévalo contigo hasta que te lo aprendas. Ejemplo:

- Puedes hacer notas de 10 verbos y llevarlo contigo a todas partes y leerlo mientras espera.
- Puedes repetirlo 3 veces antes de irte a dormir.
- Puedes grabar tu voz y escucharlo mientras cocina, te baña, te ejercita, maneja, va en el tren o en el autobús, o en el tiempo de espera.
- Puedes ponerlo en practica y pensarlo. Ejemplo "si aprendiste a que "speak" es hablar, inicia en tu mente a decir "They speak" "I speak" hasta que se vuelva natural.
- Puedes complementar los verbos con el libro "Juega & Aprende Inglés: 1,000 Verbos más Usados en Inglés." Es super bueno para memorizar.

Bono: Escuchar la pronunciación

Verbos

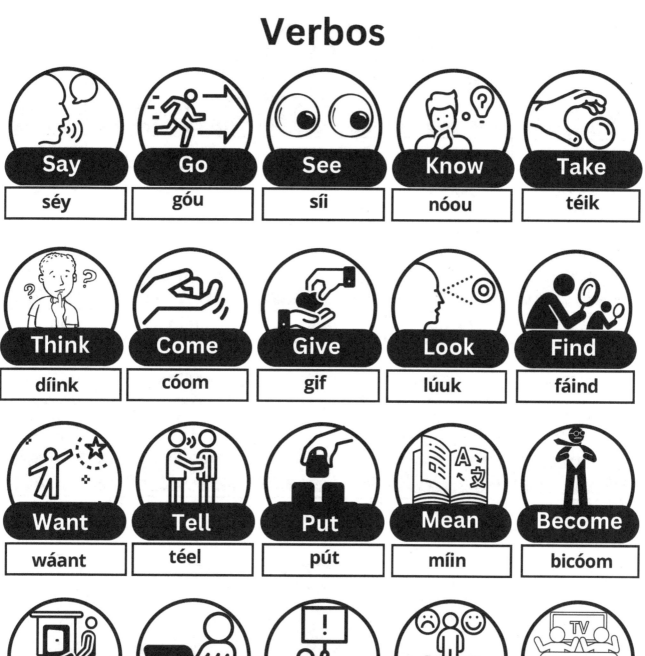

Say	Go	See	Know	Take
séy	góu	síi	nóou	téik

Think	Come	Give	Look	Find
díink	cóom	gif	lúuk	fáind

Want	Tell	Put	Mean	Become
wáant	téel	pút	míin	bicóom

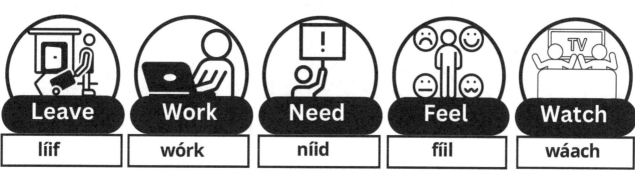

Leave	Work	Need	Feel	Watch
líif	wórk	níid	fíil	wáach

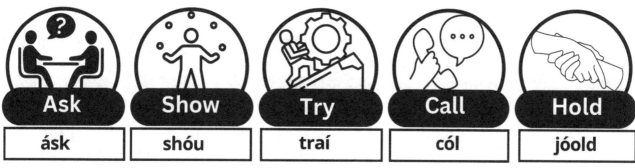

Ask	Show	Try	Call	Hold
ásk	shóu	traí	cól	jóold

keep	**Provide**	**Turn**	**Follow**	**Begin**
kíip	prováid	téern	falóu	biguín
Start	**Bring**	**Like**	**Help**	**Run**
stáart	bríng	láik	jélp	róon
Write	**Set**	**Move**	**Be**	**Do**
wriíit	séet	muúf	bi	du
Get	**Create**	**Learn**	**Consider**	**Use**
get	cri-éit	léern	con-sí-rerer	ius

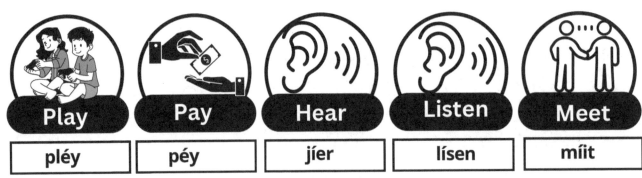

Play	**Pay**	**Hear**	**Listen**	**Meet**
pléy	péy	jíer	lísen	míit

Live	**Stand**	**Happen**	**Sit**	**Talk**
líif	stánd	jápen	síit	tóok

Remain	**Offer**	**Expect**	**Suggest**	**Read**
ri-méin	ófer	ex-péet	suyést	ríid

Continue	**Change**	**Require**	**Fall**	**Buy**
contínuo	chénch	ri-cuá-ier	fóol	báay

Speak	**Stop**	**Send**	**Decide**	**Win**
spiík	stóop	séend	disáid	win

Understand	**Open**	**Reach**	**Build**	**Spend**
onder-esténd	ópen	ríich	buíild	spéend

 **Die**	**Walk**	 **Sell**	 **Wait**	**Pull**
dái	úook	sel	wéit	pul

 **Lie**	 **Raise**	 **Found**	 **Cut**	 **Pass**
lai	réeis	fáund	kot	páas

 **Make**	**Let**	 **Grow**	 **Sit**	 **Remember**
méik	let	gróu	síit	rimémber

 **Include**	 **Add**	 **Believe**	 **Lead**	 **Allow**
in-clúud	áad	bilíif	líid	aláo

Serve

séerf

Kill

kíil

Drive

dráif

Wish

wish

Stay

stéi

Eat

ít

Forget

forgét

Love

lóof

Save

séif

Teach

tíich

Fly

flái

Sleep

slíip

Laugh

láaf

Arise

aráis

Born

bóorn

Wake

wéik

Cook

cúuk

Bake

béik

Kick

kíik

Kiss

kíis

Have

jáaf

Hide

jáid

Cry

cráy

Sing

síing

Drink

dríink

Dress

dréss

Earn

éern

Truth

trúud

Jump

yómp

Guess

gués

Wash

wásh

Clean

clíin

Blame

bléim

Fault

faólt

Get

gét

Swim

swíim

Paint

péint

Dance

dáanst

Sing

síing

Smile

smái-ol

Verbos traducidos

Say	Decir	keep	mantener	Live	Vivir
Go	Ir	Provide	Proveer	Stand	Estar de pie
See	Ver	Turn	Girar	Happen	Suceder
Know	Saber	Follow	Seguir	Talk	Hablar
Take	Llevar	Begin	Comenzar	Sit	Sentar
Think	Pensar	Start	Iniciar	Remain	Permanecer
Come	Venir	Bring	Traer	Offer	Oferta
Give	Dar	Like	Gustar	Expect	Suponer
Look	Mirar	Help	Ayudar	Suggest	Sugerir
Find	Encontrar	Run	Correr	Read	Leer
Want	Desear	Set	Colocar	Require	Exigir
Tell	Contar	Move	Mover	Continue	Continuar
Put	Poner	Be	Ser	Change	Cambio
Mean	Significar	Write	Escribir	Fall	Caer
Become	Convertir	Do	Hacer	Buy	Comprar
Leave	Vete	Get	Conseguir	Speak	Hablar
Work	Trabaja	Create	Crear	Stop	Parada
Need	Necesitar	Learn	Aprender	Send	Enviar
Feel	Sentir	Consider	Considerar	Decide	Decidir
Watch	Mirar	Use	Utilizar	Win	Ganar
Ask	Pedir	Play	Tocar	Understand	Entender
Show	Demostrar	Pay	Pagar	Open	Abierto
Call	Llamar	Hear	Oír	Reach	Llegar
Hold	Mantener	Listen	Escuchar	Build	Construir
Try	Intentar	Meet	Conocer	Spend	Gastar

Verbos traducidos

Pull	Jalar	Stay	Quedarse	Drink	Bebida
Die	Morir	Wish	Desear	Have	Tener
Walk	Caminar	Serve	Atender	Hide	Esconder
Sell	Vender	Kill	Matar	Cry	Llorar
Wait	Esperar	Drive	Manejar	Sing	Cantar
Pass	Pasar	Love	Amar	Dress	Vestir
Lie	Mentir	Eat	Come	Earn	Ganar
Raise	Elevar	Forget	Olvidar	Truth	Verdad
Found	Encontrado	Save	Salvar	Jump	Saltar
Cut	Corte	Teach	Enseñar	Guess	Adivinar
Make	Hacer	Fly	Volar	Dress	Vestir
Let	Dejar	Sleep	Dormir	Dance	bailar
Grow	Crecer	Laugh	Risa	Truth	Verdad
Sit	Sentar	Arise	Surgir	Swim	nadar
Remember	Recordar	Born	Nació	Smile	sonreir
Include	Incluir	Wake	Despertar	Wash	Lavar
Add	Agregar	Cook	Cocinar	Clean	Limpio
Believe	Creer	Bake	Hornear	Blame	Culpar
Allow	Permitir	Kick	Patada	Fault	Culpa
Lead	Liderear	Kiss	Beso	Paint	Pintar
		Sing	Cantar	Get	Conseguir

Verbos Auxiliares

Los verbos auxiliares son verbos que se utilizan en inglés para ayudar a formar distintos tiempos verbales, hacer preguntas y negaciones, y para dar más información sobre la acción verbal. Algunos de los verbos auxiliares más comunes son "**be**", "**do**" y "**have**".

- **"Be"** es el verbo auxiliar más utilizado en inglés, y se utiliza para formar los tiempos continuos y el futuro simple con "will". Por ejemplo:

  - I am studying for my exam. (Estoy estudiando para mi examen)
  - She will be attending the conference next week. (Ella asistirá a la conferencia la próxima semana)

- **"Do"** se utiliza como verbo auxiliar en presente simple para hacer preguntas y negaciones, y también se utiliza para formar oraciones afirmativas en presente simple con verbos que no tienen una forma regular en presente simple. Por ejemplo:
  - Do you like music? (¿Te gusta la música?)
  - I do not like music. (No me gusta la música)

- **"Have"** se utiliza como verbo auxiliar para formar el presente perfecto y el pasado perfecto. Por ejemplo:
  - I have finished my homework. (He terminado mi tarea)
  - She had already left by the time I arrived. (Ella ya se había ido cuando llegué)

La negación en inglés es una forma de expresar que algo no es cierto o no está sucediendo. Hay dos formas de negar verbos en inglés: **"do not"** y su forma contraída "don't" y **does not** (doesn't).

"Do not" es la forma completa de la negación y se usa para negar acciones y se construye añadiendo "do not" antes del verbo principal. La forma contraída "don't" es la misma forma negativa pero abreviada. En general se usa para (I, YOU, WE, THEY)

Aquí hay algunos ejemplos para ilustrar su uso:

- I do not like coffee. (No me gusta el café)
- We do not live in New York. (No vivimos en Nueva York)
- They don't speak Spanish. (Ellos no hablan español)
- I don't want to go. (No quiero ir)

Negación de los verbos auxiliar

"Does not" (doseent) es la forma completa de la negación en tercera persona del singular y significa "no hacer". Se usa para negar acciones que se realizan por sujetos en tercera persona, tales como **"he"**, **"she"**, **"it"**, y "the name of an object". La forma contraída "doesn't" es la misma forma negativa pero abreviada.

Aquí hay algunos ejemplos para ilustrar su uso:

She does not play the piano. (Ella no toca el piano)
He doesn't like coffee. (El no le gusta el café)
It doesn't rain in the desert. (No llueve en el desierto)
The car doesn't start. (El coche no arranca)

Formula 7 oraciones negando los verbos "like, cook, drive, drink, sing, cry and eat" Las imágenes te ayudarán a recordar sus significados.

Ejemplos: I don't know nothing.   She does not know nothing.   We do not drive.

1._____

2._____

3._____

4._____

5._____

6._____

7._____

Verbos modales

Los verbos modales en inglés son un grupo de verbos que se utilizan para expresar modalidad, es decir, habilidad, posibilidad, obligación, permiso, etc. Algunos de los verbos modales más comunes en inglés son:

1. **Can** (kéen): I can swim. (**Puedo** nadar.)
2. **Could** (cúud): I could swim when I was a child. (**Podía** nadar cuando era niño.)
3. **May** (mey): May I leave early today? (¿**Puedo** irme temprano hoy?)
4. **Might** (máit): It might rain later. (**Podría** llover más tarde.)
5. **Must** (móst): I must study for the exam. (**Debo** estudiar para el examen.)
6. **Should** (shúud): You should eat more vegetables. (**Deberías** comer más verduras.)
7. **Will** (wiil): I will call you later. (Te llama**ré** más tarde.)
8. **Would** (úud): Would you like to go out with me? (¿Te **gustaría** salir conmigo?)
9. **Shall**: Shall we go to the park? (¿Vamos al parque?)

Reglas a tomar en cuenta:
1. Los verbos modales no tienen forma de infinitivo o participio.
2. Siempre van después de un verbo base en forma infinitiva.
3. No pueden ser usados en forma de pasado.
4. No tienen forma de plural.
5. Deben coincidir con el sujeto en tercera persona (he, she, it).
6. La negación se hace agregando "not" después del verbo modal. Ejemplo: I could not go (no pude ir).
7. La forma interrogativa se hace poniendo el verbo modal al principio de la frase.

COMPLETA LAS SIGUIENTES ORACIONES CON EL VERBO MODAL ADECUADO: "CAN, MIGHT, SHOULD AND MUST"

1. I _____ speak French fluently.
2. She _____ finish her homework before dinner.
3. We _____ visit our grandparents this weekend.
4. I __ go to the store later. (can)
5. We __ watch the movie tomorrow. (might)
6. You __ turn off the lights when you leave the room. (should)

Verbos modales

- I can speak French fluently.
- She must finish her homework before dinner.
- We should visit our grandparents this weekend.
- I can go to the store later.
- We might watch the movie tomorrow
- You should turn off the lights when you
- leave the room.

Crear frases con los verbos modales en contextos diferentes:

- Can: En un restaurante pidiendo un plato específico
- Could: Pidiendo un favor a un amigo
- May: Preguntando si se puede entrar a un lugar
- Might: Expresando incertidumbre sobre algo
- Must: Dando una instrucción
- Should: Ofreciendo un consejo

Ej:

Can I have a hamburger, please? (kenai haf a jambéerger, plíis)

Could you help me, please? (cud iu jelp mi, plíis)

Pronombres interrogativos

Los pronombres interrogativos en inglés son palabras que se utilizan al principio de la oración para hacer una pregunta.

- **"WHO"** (jú) (quién), se usa para hacer preguntas sobre personas.
- **"WHAT"** (wát) (qué), se usa para hacer preguntas sobre cosas o acciones.
- **"WHERE"** (wéar) (dónde), se usa para hacer preguntas sobre lugares.
- **"WHEN"**(wéen) (cuándo), se usa para hacer preguntas sobre tiempos.
- **"WHY"**(wáy) (por qué), se usa para hacer preguntas sobre motivos o razones.
- **"WHICH"** (whích) (cuál), se usa para hacer preguntas sobre opciones o elecciones.
- **"WHOSE"** (jús) (de quién), se usa para hacer preguntas sobre propiedad o pertenencia.
- **"HOW"** (jáu) (cómo), se usa para preguntar del cómo.

Estos pronombres interrogativos se usan al principio de una pregunta para hacerla más específica.
Por ejemplo:

- "Who is she?" (¿**Quién** es ella?)
- "What do you like to do?" (¿**Qué** te gusta hacer?)
- "Where do you live?" (¿**Dónde** vives?)
- "When is your birthday?" (¿**Cuándo** es tu cumpleaños?)
- "Why did you do that?" (¿**Por qué** hiciste eso?)
- "Which one do you prefer?" (¿**Cuál** prefieres?)
- "Whose jacket is this?" (¿**De quién** es esta chaqueta?)
- "How are you?" (¿**Cómo** estás?)

Haga un diálogo utilizando solo pronombres interrogativos. Graba tu voz y luego escuchalo
Por ejemplo:

A: Who are you?
B: I am John.
A: What do you do?
B: I am a teacher.

Tiempo futuro

El tiempo futuro en inglés se refiere a una acción o evento que ocurrirá en el futuro. Es un aspecto del tiempo verbal que se utiliza para expresar una acción o evento que todavía no ha ocurrido, pero se espera que ocurra.

En inglés, existen varias formas de expresar el tiempo futuro, incluyendo **"will", "shall", "be going to"**, "future continuous", y "future perfect". Cada una de estas formas tiene un uso y un significado específicos, y se utilizan en diferentes contextos según la situación.

Es importante tener en cuenta que el tiempo futuro en inglés no solo se utiliza para hablar sobre eventos futuros, sino también para hacer **promesas, ofrecer, hacer suposiciones**, y más. Por lo tanto, es un aspecto importante del idioma y una habilidad que debe ser dominada para poder comunicarse con fluidez en inglés.

Ejemplos:

1. "I will visit my grandparents next week." = "Visitaré a mis abuelos la próxima semana."
2. "Shall I bring you a drink?" = "¿Te traeré una bebida?"
3. "I am going to buy a new car next month." = "Voy a comprar un nuevo coche el próximo mes."
4. "Next year, I will be studying at university." = "El próximo año, estaré estudiando en la universidad."
5. "By the end of the year, I will have finished my studies." = "Para fin de año, habré terminado mis estudios."

La diferencia entre "I will" y "I am going" en inglés es la siguiente:

- "I will" se usa para hacer una promesa o una afirmación decidida sobre algo que sucederá en el futuro. Por ejemplo: "I will call you tomorrow".

- "I am going" se usa para hablar sobre algo que ya está planeado o programado para suceder en el futuro. Por ejemplo: "I am going to the store tomorrow".

En general, "I will" sugiere una acción decidida y firme, mientras que "I am going" sugiere una acción que ya está planificada y organizada. Ambas formas son correctas y se utilizan en diferentes situaciones. Lo importante es entender su uso y utilizarlas de manera adecuada en cada contexto.

Verbos regulares

Los verbos regulares son aquellos que siguen un patrón predecible en su conjugación en tiempos simples y compuestos. Es decir, para formar sus diferentes formas en el tiempo presente, pasado y participio pasado, se agrega una terminación regular a la raíz del verbo.

Por ejemplo, el verbo regular "talk" se conjuga de la siguiente manera:

- Presente: I talk, you talk, he/she/it **talks**
- Pasado: I talked, you talked, he/she/it talked
- Participio pasado: talked

En inglés, se agrega una "s" a los verbos en tercera persona del singular para indicar que la acción está siendo realizada por el sujeto. Por ejemplo, si el sujeto es "he", "she" o "it", se agrega una "s" al final del verbo para formar la tercera persona del singular.

Por ejemplo:
- "I walk"
- "She walks"

Esta regla se aplica a la mayoría de los verbos regulares en inglés, pero hay algunas excepciones, como los verbos irregulares que tienen una forma única en tercera persona del singular.

En conclusión, para la mayoría de los verbos cuando se va a referir de "she, he, it" se le agrega una *"S"* al final del verbo. Por ahora solo reten la información y poco a poco lo notarás.

Más ejemplo:

- She runs
- He runs
- She plays
- He plays
- He loves
- She loves
- He watches
- She watches

Gerundio- ing

Cuando queremos hablar de la duración del verbo lo convertimos en gerundio.

Para **formar un gerundio en inglés**, simplemente debes agregar la terminación "-ing" al verbo en infinitivo. Por ejemplo: "talk" -> "talk**ing**" (habl**ando**)

Hay varias reglas a tener en cuenta al formar gerundios en inglés:

- Añadir "-ing" al verbo en infinitivo: **La mayoría** de los verbos se convierten en gerundios simplemente añadiendo "-ing" al final del verbo en infinitivo.

Por ejemplo:
"walk" -> "walking" (caminando)
"eat" -> "eating". (comiendo)

- Verbos que **terminan en "e"**: Si el verbo termina en "e", solo debes eliminar la "e" y añadir "-ing".

Por ejemplo:
"dance" -> "dancing" (bailando)
"write" -> "writing" (escribiendo)
"live" -> "living" (viviendo)
"dye" -> "dyeing" (muriendo)

- Verbos de **una sola sílaba** que terminan en una sola consonante precedida por una sola vocal: En estos casos, debes duplicar la última letra antes de añadir "-ing".

Por ejemplo:
"ru**n**" -> "ru**nn**ing", (corriendo)
"sto**p**" -> "sto**pp**ing" (parando)

- Verbos de **dos o más sílabas** que terminan en una sola consonante precedida por una sola vocal y la primera sílaba está acentuada: En estos casos, también debes duplicar la última letra antes de añadir "-ing".
- Por ejemplo:
- "be**g**in" -> "beginning" (comenzando)
- "pre**f**er" -> "preferring" (prefiriendo)

Pronunciación

La pronunciación de los gerundios en inglés depende de la forma del verbo base del que provienen. Sin embargo, en general, los gerundios suelen terminar en "-ing" y se pronuncian como una palabra con dos sílabas: [ɪŋ].

Aquí hay algunos ejemplos de cómo se pronuncian algunos gerundios comunes en inglés:

- Paint-} painting

La pronunciación de paint es "péint"

si le agregamos un ing se convertirá en "painting" = péint + in = péint**in**

- Swim -} Swimming (swíim**in**)

En general, como ya sabe como se pronuncia el verbo, solo agrégale "in" al final de la pronunciación.

Práctica

Complete las siguientes frases con un gerundio:

a. I love _____ to the beach. (go)

b. She enjoys _____ music. (listen)

c. They hate _____ up early. (get)

d. He is good at _____. (cook)

e. We are thinking about _____ a trip. (take)

f. She's scared of _____. (fly)

Convierta los siguientes verbos en gerundios y complete las frases:

a. _____ is good exercise. (Run)

b. _____ is a great way to stay healthy. (Swim)

c. I spend my evenings _____. (read)

d. - She has a beautiful voice for _____. (sing)

Construya frases utilizando gerundios:

Example: playing - Playing basketball is his favorite hobby.

a. She is _____ for her exams. (study)

b.They love _____ in the park. (walk)

c. I don't like _____ vegetables. (eat)

d. He needs at least 8 hours of _____ every night. (sleep)

Haz una historia usando el gerundio
(Make a story)

_____

_____

_____

_____

_____

_____

_____

_____

_____

_____

_____

_____

_____

_____

_____

_____

_____

_____

Complete las siguientes frases con un gerundio:
a. going
b. listening
c. getting
d. cooking
e. taking
f. flying

Convierta los siguientes verbos en gerundios y complete las frases:
a. running
b. swimming
c. reading
d. singing

Construya frases utilizando gerundios:

a. studying -
b. walking -
c. eating -
d. sleeping

Verbos en pasado simple

Hay dos formas de conjugar verbos en el pasado en inglés: regular e irregular.

Verbos regulares: La mayoría de los verbos regulares en inglés se conjugan en el pasado simple agregando **-ed** a la forma base del verbo. Por ejemplo, el verbo "walk" en forma pasada es "walked" (caminé). Verbo + ed al final = pasado. **Algunos ejemplos:**

- walk - walked
- talk - talked
- play - played
- stay - stayed
- pay - paid
- say - said

Verbos irregulares: Algunos verbos en inglés tienen una forma irregular en el pasado. Estos verbos no siguen la regla general de agregar -ed a la forma base. Algunos ejemplos incluyen "see" (ver) que en forma pasada es "saw" (vi), y "eat" (comer) que en forma pasada es "ate" (comí). Es importante aprender las formas irregulares de los verbos que se usan con frecuencia. **Algunos ejemplos:**

- eat - ate
- drink - drank
- see - saw
- fly - flew
- buy - bought
- teach - taught

Más adelante hay una listas de los verbos más usados conjugado en el pasado.

Consejos para la pronunciación

Pronunciación de los verbos regulares en pasado:

Para aprender a pronunciar los verbos en pasado hay 3 reglas, pero no quiero que te compliques. Créeme que te dará a entender y tu entenderás, aunque no lo haga de la forma perfecta.

Para saber cómo se pronuncian, va a depender de como termine la pronunciación del verbo en su forma original.

<u>Primera regla:</u> Lo pronuncia usando una "*t*" suave como si fuera a decir "ti con ch al final" si el sonido al final de la pronunciación es sordo (p, k, ch, sh, s, f, x, th (z española).

<u>Segunda regla:</u> Lo pronuncia con "*d*" al final si el sonido final se usan las cuerdas vocales. (vocales, b,g,v,z,m,n,l,r,).

<u>Tercera regla</u>: lo pronuncia con "*ed*" al final si el sonido termina en (<u>t y d</u>) Ejemplos:

Pain**t** - paint**ed** (**páainted**)
Need - need**ed** (**níided**)

Lo importante aquí es tener presente cuando el sonido termina en t y d, lo cual debes de pronunciar el pasado agregándole una "ed". Por lo demás si lo pronuncia con t o d al final, te entenderán perfectamente.

Ejemplo: puedes decir para work "wóorkt" o "wóorkd" y te entenderán.

Pero no te entenderán si pronuncia "woorked", porque pueden creer que quieres decir "work it"

Haz lo como puedas y a través del tiempo y la practica te iras perfeccionando.

Verbo base + el pasado + pronunciación

Say	Said	séid		keep	kept	kíipt
Go	went	wéent		Provide	provided	prováired
See	saw	sów		Turn	turned	téernt
Know	Knew	núu		Follow	followed	falóud
Take	Took	túuk		Begin	began	bigáan
Think	Thought	dóut		Start	started	stáared
Come	Came	kéim		Bring	brought	bróut
Give	Gave	géif		Like	liked	láaikt
Look	Looked	lóokt		Help	helped	jélpt
Find	Found	fáaund		Run	ran	ráan
Want	Wanted	wáanted		Set	set	séet
Tell	Told	tóld		Move	Moved	múufd
Put	Putted	púured		Be	Was -were	wos - wéer
Mean	Meant	méent		Write	Wrote	wróot
Become	Became	bi- kéim		Do	Did	did
Leave	Left	léeft		Get	Got	gáat
Work	Worked	wóorkt		Create	Created	cri-éired
Need	Needed	níired		Learn	learned	léernd
Feel	Felt	felt		Consider	considered	con-sí-rered
Watch	Watched	wáchet		Use	Used	iúst
Ask	Asked	áskt		Play	Played	pléyd
Show	Showed	shóud		Pay	Payed	péyd
Call	Called	cóold		Hear	heard	jérd
Hold	Held	jéld		Listen	Listened	líisend
Try	Tried	tráed		Meet	Met	mét

Verbo base + el pasado + pronunciación

stand	stood	stúud
live	lived	líifd
happen	happened	jápend
talk	talked	tóokt
sit	sat	sáat
remain	remained	re-méind
offer	offered	óferd
expect	expected	ex-péetid
suppose	supposed	supóost
suggest	suggested	suyésted
read	read	ríid
require	required	ri-cuá-ierd
continue	continued	contínuod
change	changed	chéncht
fall	fell	féel
buy	bought	bóut
speak	spoke	spóuk
stop	stopped	stóopt
send	sent	séent
decide	decided	disáired
win	won	wóon
understand	understood	onder-estúud
open	opened	ópend
reach	reached	ríicht
build	built	buíilt
spend	spent	spéent

Pull	pulled	púuld
Die	died	dáid
Walk	walked	úookt
Sell	Sold	sóld
Wait	Waited	wéited
Pass	Passed	páast
Lie	Lied	láyd
Raise	Raised	réeist
Found	founded	fáaunded
Cut	Cut	cot
Make	Made	méid
Let	Let	let
Grow	Grew	grúu
Sit	Sat	sáat
Remember	Remembered	rimémberd
Include	Included	in-clúded
Add	Added	áared
Believe	Believed	bi-líi-fd
Allow	Allowed	aláod
Lead	Led	léd

Verbo base + el pasado + pronunciación

Stay	Stayed	stéid		Drink	Drunk	dróonk
Wish	Wished	wíisht		Have	Had	jáad
Serve	Served	séerfd		Hide	Hid	jíid
Kill	killed	kíild		Cry	Cried	cráyd
Drive	drove	dróof		Sing	Sang	sáang
Love	loved	lóofd		Dress	Dressed	dréest
Eat	ate	éit		Earn	Earned	érnd
Forget	forgot	forgáat		Jump	Jumped	yóompt
Save	saved	séifd		Guess	Guessed	guéest
Teach	taught	táat		Dress	Dressed	dréest
Fly	flew	flúu		Wash	Washed	wáasht
Sleep	sleeped	slíipt		Clean	Cleaned	clíind
Laugh	laughed	láaft		Blame	Blamed	bleí-emd
Arise	arose	aróus		Fault	Faulted	fóolt
Wake	woke	wóok		Get	Got	gáat
Cook	cooked	cúukt				
Bake	baked	béikt				
Kick	kicked	kíiket				
Kiss	kissed	kíist				

Write the verbs in the past
Escribe los verbos en pasado

Say	
Go	
See	
Know	
Take	
Think	
Come	
Give	
Look	
Find	
Want	
Tell	
Put	
Mean	
Become	
Leave	
Work	
Need	
Feel	
Watch	

Write the verb in the past

Escribe los verbos en pasado

Ask	
Show	
Call	
Hold	
Try	
keep	
Provide	
Turn	
Follow	
Begin	
Start	
Bring	
Like	
Help	
Run	
Set	
Move	
Be	
Write	
Do	

Lee la historia y subraya los verbos en pasado
(Read the story and underline the verbs in the past)

No te preocupes si no conoces todo, lo importante es identificar los verbos en pasado.

"Sarah Walked in the Park"

Sarah was a young girl. She walked in the park and watched the swan swimming. She smiled and enjoyed the beauty of nature. She danced and looked at the park. When she went home, she cooked herself a delicious dinner. After she ate, she read a book for a while. Then, she sang a song before going to bed. She slept well and dreamed of all the fun she had that day.

Bono: Escuchar la pronunciación

Traducción

Sara era una chica. Caminó por el parque y vio nadar al cisne. Ella sonrió y disfrutó de la belleza de la naturaleza. Bailó y exploró el parque. Cuando llegó a casa, se preparó una cena deliciosa. Después de comer, leyó un libro durante un rato. Luego, cantó una canción antes de irse a la cama. Durmió bien y soñó con toda la diversión que tuvo ese día.

Respuestas

- was
- walked
- saw
- cooked
- ate

- read
- sang
- slept
- danced
- smiled

- dreamed
- watched
- enjoyed
- looked

Haz una historia del pasado usando todos los conocimientos

(Make a story from the past)

_____

_____

_____

_____

_____

_____

_____

_____

_____

_____

_____

_____

_____

_____

_____

_____

_____

Pronombres objetos (object pronouns)

Se utilizan como objeto de la oración y son "me" (a mí), "you" (a ti/a usted), "him" (a él), "her" (a ella), "it" (a él/ella), "us" (a nosotros) y "them" (a ellos/ellas)..

Los pronombres objetos directos e indirectos se utilizan para referirse a un objeto de la oración. Por ejemplo, en la frase "I gave him the book" (le di el libro), "him" es el objeto indirecto y "the book" es el objeto directo.

Ejemplos para tener mejor entendimiento de sus usos

- She loves **him**. - Ella lo ama a él.
- They gave it to **us**. - Nosotros lo dieron.
- He asked **her**. - Él le preguntó a ella.
- I saw **him** yesterday. - Lo vi ayer.
- She wrote to **him**. - Ella le escribió a él

- They helped **us**. - Ellos nos ayudaron.
- I'll send it to **you**. - Te lo enviaré.
- They invited **us**. - Nos invitaron.
- I'll give it to **them**. - Se lo daré a ellos.
- He talked to **her**. - Él habló con ella.

Pronombres reflexivos (Reflexives pronouns)

Los pronombres reflexivos se utilizan para referirse a una acción que la persona o cosa que realiza la acción es también el objeto directo de la misma. Por ejemplo:
- I hurt myself. (Me lastimé)
- She dressed herself. (Se vistió)

También se pueden usar para enfatizar la acción o para destacar que la acción se realizó sin ayuda de nadie más, por ejemplo:
- I did it myself. (Lo hice yo mismo)
- She cooked dinner for herself. (Cocinó la cena para ella misma)

Escribe en las casillas los pronombres apropiados. Cuando lo complete puedes comparar tu resultados con las hojas anteriores.

Subject (subjeto)	Object (objeto)	Possessive (posesivos)	Reflexives (reflexive)
I	Me	Mine	Myself
YOU			
HE			
SHE			
IT			
WE			
THEY			

101

Lee esta historia varias veces hasta que tenga fluidez.

(Poner en practica todo el conocimiento que ya has aprendido)

"Amy loves to cook"

A girl named Amy loves to cook. Every day, she helps her mom in the kitchen and learns how to make new dishes.

One day, Amy wants to surprise her family and cook dinner all by herself. She cleans the kitchen and gathers all the ingredients she needs. She cooks a delicious meal and sets the table.

Her family is very impressed by Amy's cooking and enjoys the meal. They tell her how happy they are of her and that she is becoming a great cook.

From that day on, Amy continues to cook and clean. She loves to spend time in the kitchen and make new dishes. She likes to make the food look pretty. Amy is always learning and improving her cooking skills.

Traducción

A una chica llamada Amy le encanta cocinar. Todos los días ayuda a su mamá en la cocina y aprende a hacer platos nuevos.

Un día, Amy quiere sorprender a su familia y preparar la cena sola. Limpia la cocina y reúne todos los ingredientes que necesita. Ella cocina una comida deliciosa y pone la mesa.

Su familia está muy impresionada con la cocina de Amy y disfruta la comida. Le dicen lo felices que están por ella y que se está convirtiendo en una gran cocinera.

A partir de ese día, Amy sigue cocinando y limpiando. Le encanta pasar tiempo en la cocina y hacer platos nuevos. Le gusta que la comida luzca bonita. Amy siempre está aprendiendo y mejorando sus habilidades culinarias.

Lee esta historia varias veces hasta que sienta fluidez.
(Pon en practica todo el conocimiento que ya has aprendido)

"Dog and Cat"

A dog and a cat decided to go for a walk in the park. They saw a lion playing with his friends.

The dog and the cat watched the lion for a while, and then continued their walk. They walked for a long time, seeing different animals and having a great time.

At the end of the day, they went back home tired but happy. They both agreed that it was a wonderful day and they should go for a walk in the park more often.

Traducción

Un perro y un gato decidieron dar un paseo por el parque. Vieron un león jugando con sus amigos.

El perro y el gato observaron al león por un rato y luego continuaron su caminata. Caminaron durante mucho tiempo, viendo diferentes animales y pasándolo muy bien.

Al final del día, regresaron a casa cansados pero felices. Ambos acordaron que era un día maravilloso y que deberían salir a caminar por el parque más a menudo.

"Lily and her Dress"

There was a little girl named Lily. She lived in a her house with her parents, her father and her mother.

Every night, Lily would go to her bed in her bedroom. She loved to play before going to sleep. Her mother would read her stories and sing to her.

One day, Lily's father surprised her with a new dress. It was a pretty red dress and Lily was so excited to wear it. She put it on and twirled around the table.

Her mother came in to see what she was doing and was so impressed with the dress. She started to dance with Lily around the table and they had so much fun together.

From that day on, Lily and her mother would dance in the pretty red dress around the table in Lily's bedroom every night. Her father was happy to see them having so much fun together and loved to watch them play.

Traducción

Había una niña llamada Lily. Vivía en su casa con sus padres, su padre y su madre.

Todas las noches, Lily se acostaba en su dormitorio. Le encantaba jugar antes de irse a dormir. Su madre le leía cuentos y le cantaba.

Un día, el padre de Lily la sorprendió con un vestido nuevo. Era un bonito vestido rojo y Lily estaba muy emocionada de ponérselo. Se lo puso y dio vueltas alrededor de la mesa.

Su madre entró para ver lo que estaba haciendo y quedó muy impresionada con el vestido. Empezó a bailar con Lily alrededor de la mesa y se divirtieron mucho juntas.

A partir de ese día, Lily y su madre bailarían todas las noches con el bonito vestido rojo alrededor de la mesa en el dormitorio de Lily. Su padre estaba feliz de verlos divertirse tanto juntos y le encantaba verlos jugar.

Read this story several times until you feel fluent.

Ordering at McDonald's

Emily: Hi, can I take your order please?

Michael: Yes, can I have a Big Mac meal with a medium fries and a coke, please?

Emily: Sure. Would you like to make that a large meal for an extra charge?

Michael: No, that's okay. Medium is fine.

Emily: Great, and for you, ma'am?

Ana: Can I have a Quarter Pounder meal with a side of nuggets and a lemonade, please?

Michael: And can you add some barbecue sauce for the nuggets?

Emily: Absolutely, and anything else?

Michael: No, that's it for now.

Emily: Alright, your total comes to $12.50. Please proceed to the next window to pick up your food.

Michael: Thanks, we will.

Traducción

Emily: Hola, ¿puedo tomar su pedido por favor?

Michael: Sí, ¿puedo tener una comida Big Mac con papas medianas y una coca cola, por favor?

Emily: Claro. ¿Le gustaría hacer una comida grande por un cargo extra?

Michael: No, está bien. Medio está bien.

Emily: Genial, ¿y para usted, señora?

Ana: ¿Puedo tener una comida Quarter Pounder con una guarnición de nuggets y una limonada, por favor?

Michael: ¿Y puedes agregar un poco de salsa barbacoa para los nuggets?

Emily: Absolutamente, ¿y algo más?

Michael: No, eso es todo por ahora.

Emily: Muy bien, tu total llega a $12.50. Diríjase a la siguiente ventana para recoger su comida.

Michael: Gracias, lo haremos.

Los 7 Métodos Altamente Efectivos para Aprender Inglés Fluido 2

Introducción

Si estás leyendo este libro, es porque has decidido seguir aprendiendo inglés y eso me hace muy feliz. Creo en ti y sé que puedes lograr grandes cosas si te enfocas y te dedicas a este proceso de aprendizaje.

Este libro es la segunda parte de una serie, por lo que se espera que ya tengas una comprensión básica o intermedia del idioma. Si aún no has leído la primera parte, te recomiendo hacerlo. No se proporcionará una pronunciación escrita en todos los casos como en el primer nivel, sino que se centrará en brindar explicaciones detalladas y ejemplos prácticos para ayudarte a llevar tu inglés al siguiente nivel. O sea, es una continuación del método 6 y 7. (Después de los anexos están las pronunciaciones básicas en caso de que necesites consultarlas).

Para sacar el mayor provecho de este libro, también es importante que tengas en cuenta los 7 métodos altamente efectivos para aprender inglés fluido:

Método 1: Es importante que conozcas por qué quieres aprender inglés, ya que esto te ayudará a mantener la motivación a largo plazo.

Método 2: Debes organizar tu tiempo y espacio para crear un horario de estudio efectivo.

Método 3: Es importante que te auto-conozcas e identifiques cuál es la mejor manera de aprender para ti.

Método 4: Trata de comenzar a pensar en inglés para que te familiarices con el idioma.

Método 5: Debes trabajar en tu pronunciación sin tener miedo ni vergüenza por tu acento, ya que la pronunciación es una parte importante del aprendizaje del idioma.

Método 6: Es crucial que memorices el vocabulario y la gramática para que puedas utilizarlos de manera efectiva en tus conversaciones en inglés.

Método 7: La práctica es fundamental para perfeccionar tus habilidades lingüísticas.

Con explicaciones claras y ejemplos prácticos, este libro te guiará a través de diferentes temas cotidianos, como compras, viajes, trabajo y vida social, entre otros. Además, incluye ejercicios y actividades para que puedas practicar y mejorar tu comprensión y habilidades lingüísticas. Este libro está diseñado para ayudarte a llevar tu inglés al siguiente nivel, permitiéndote hablar con fluidez y confianza en situaciones cotidianas.

¡Prepárate para llevar tus habilidades lingüísticas al siguiente nivel y comunicarte en inglés con mayor eficacia!

Basic structure of a sentence
Estructura básica de una oración

En inglés, la estructura básica de una oración es sujeto-verbo-complemento. Esto significa que la mayoría de las oraciones en inglés siguen esta estructura. A continuación se presenta un ejemplo de una oración simple en inglés:

Sujeto (Subject) - **Verbo** (Verb) - **Complemento** (Object)

Example: *I like pizza. (Me gusta la pizza)*

- I (Sujeto) - like (Verbo) - pizza (Complemento)

Además de la estructura básica de sujeto-verbo-complemento, las oraciones en inglés también pueden incluir otros elementos, como adjetivos, adverbios, preposiciones y pronombres. A continuación se presenta un ejemplo de una oración más compleja en inglés:

Example: *She will be arriving later to pick up her brother. (Ella llegará más tarde para recoger a su hermano.)*

Sujeto - Verbo - Complemento - Adverbio de tiempo - Pronombre - Preposición - Complemento

- She (Sujeto) - will be (Verbo) - arriving (Complemento) - later (Adverbio de tiempo) - to pick (Pronombre + Verbo) - up (Preposición) - her brother (Complemento)

Es importante tener en cuenta que las oraciones en inglés pueden variar en estructura dependiendo del tipo de oración y del contexto. Por ejemplo, las oraciones interrogativas en inglés tienen una estructura de verbo-sujeto-complemento, mientras que las oraciones imperativas no tienen un sujeto explícito.

Oraciones interrogativas:
- Do you like to read? (¿Te gusta leer?)
- Where is the nearest gas station? (¿Dónde está la gasolinera más cercana?)
- Are you going to the party tonight? (¿Vas a la fiesta esta noche?)
- How many siblings do you have? (¿Cuántos hermanos tienes?)
- Can you help me with this task? (¿Me puedes ayudar con esta tarea?)

Oraciones imperativas:
- Close the door, please. (Cierra la puerta, por favor.)
- Stand up and stretch your legs. (Levántate y estira las piernas.)
- Be quiet during the exam. (Mantén silencio durante el examen.)
- Listen to me carefully. (Escúchame cuidadosamente.)
- Don't forget to take your medicine. (No olvides tomar tu medicina.)

Practice 1

Coloca el verbo en la raya correspondiente para estructurar la oración:

Walked   Read   Painted   Swim   Sang

- She _____ to the store yesterday.
- He _____ a song for his girlfriend.
- They _____ in the pool every morning.
- She _____ a picture of the mountains.
- He _____ a book for his class.

Ordena las palabras para formar una oración:

Ejemplo: yesterday / park / walked / they / in / the
-Respuesta: They walked in the park yesterday.

- music / sing / to / loves / she

_____

- every / to / day / the / swims / she / pool / in

_____

- picture / painted / she / beautiful / a

_____

- book / read / to / he / likes

_____

Crea una oración usando las palabras dadas:

- They / look / at / the stars / at night
-Respuesta: They look at the stars at night.

- She / walks / to / the library / every day

_____

- He / sings / in / the shower / every morning

_____

- They / swim / in / the ocean / during the summer

_____

- She / reads / a new book / every week

_____

Tiempos Verbales

En el libro anterior nos enfocamos en el presente, pasado y futuro simple, también en el presente continuo. Vamos a repasar nuevamente usando el verbo "**speak**":

Presente simple (Simple Present):

- **I speak** English every day. (Hablo inglés todos los días)
- **She speaks** Spanish fluently. (Ella habla español con fluidez)
- **They speak** to their grandparents on the phone every week. (Ellos hablan con sus abuelos por teléfono cada semana)

Presente continuo (Present Continuous):

- **He is speaking** with his boss on the phone right now. (Él está hablando con su jefe por teléfono en este momento)
- **We are speaking** about the new project in the meeting. (Estamos hablando del nuevo proyecto en la reunión)
- **They are speaking** quietly in the library. (Están hablando en voz baja en la biblioteca)

Pasado simple (Simple Past):

- **She spoke** with her teacher after class yesterday. (Ella habló con su profesora después de clase ayer)
- **They spoke** to the manager about the problem last week. (Ellos hablaron con el gerente sobre el problema la semana pasada)
- **He spoke** to his parents on the phone this morning. (Él habló con sus padres por teléfono esta mañana)

Futuro simple (Simple Future):

- **She will speak** with her supervisor about her schedule. (Ella hablará con su supervisor sobre su horario)
- **They will speak** at the conference next month. (Ellos hablarán en la conferencia el próximo mes)
- **He will speak** with his parents about his future plans. (Él hablará con sus padres acerca de sus planes futuros)

VERBOS PARTICIPIOS

El participio es una de las formas verbales que se utilizan en el idioma inglés. Existen dos tipos de participios en inglés: el participio presente y el participio pasado.

El participio pasado se utiliza en la formación de tiempos verbales compuestos, como el presente perfecto, el pasado perfecto y el futuro perfecto. Además, también se utiliza como adjetivo para describir un estado o una condición.

Por ejemplo:
- I have seen that movie before. (He visto esa película antes)
- She was interested in the broken vase. (Ella estaba interesada en el jarrón roto)
- The door was locked. (La puerta estaba cerrada)

Para formar el participio pasado en inglés, la mayoría de los verbos regulares agregan "-ed" al infinitivo del verbo.
Por ejemplo:
- Work (trabajar) - Worked (trabajado)
- Play (jugar) - Played (jugado)
- Watch (ver) - Watched (visto)

Sin embargo, hay varios verbos irregulares en inglés que tienen formas de participio pasado únicas que no siguen esta regla.
Por ejemplo:
- Go (ir) - Gone (ido)
- Eat (comer) - Eaten (comido)
- Sing (cantar) - Sung (cantado)

Hemos aprendido los verbos con su pronunciación en presente y pasado. Ahora presentaré una lista para que pueda apreciar cuando cambian los verbos irregularess.

Recuerdas los consejos para pronunciar los verbos regulares en pasado y participio, lo cual depende de como termine su pronunciación (t / d/ ed/).

Puedes encontrar la pronunciación del verbo base después del anexo.

Bono: Escuchar la pronunciación –>

Verbo	Pasado Simple	Participio	Traducción
(to)	Past Simple	**Past Participle**	Español
be	was / were	**been**	ser / estar
have	had	**had**	tener / haber
do	did	**done**	hacer
say	said	**said**	decir
go	went	**gone**	ir
get	got	**gotten / got**	obtener
make	made	**made**	hacer
know	knew	**known**	saber / conocer
think	thought	**thought**	pensar
take	took	**taken**	tomar / llevar
see	saw	**seen**	ver
come	came	**come**	venir
want	wanted	**wanted**	querer
look	looked	**looked**	mirar
use	used	**used**	usar
find	found	**found / founden**	encontrar
give	gave	**given**	dar
tell	told	**told**	contar / decir
work	worked	**worked**	trabajar / funcionar
call	called	**called**	llamar

Verbo	Pasado Simple	Participio	Traducción
(to)	Past Simple	Past Participle	Español
try, ask, need, feel	tried, asked, needed, felt	tried, asked, needed, felt	intentar preguntar necesitar sentir
become	became	become	convertirse en / llegar
leave	left	left	a ser dejar / salir
put	put	put	poner
mean	meant	meant	significar
keep	kept	kept	mantener
let	let	let / letten	dejar / permitir
begin	began	begun	comenzar / empezar
seem	seemed	seemed	parecer
help	helped	helped	ayudar
talk	talked	talked	hablar
turn	turned	turned	girar
start	started	started	comenzar / empezar
show	showed / shew	shown / showed	mostrar
hear	heard	heard	escuchar
play	played	played	jugar
run	ran	run	correr
move	moved	moved	mover / moverse
like	liked	liked	gustar / querer
live	lived	lived	vivir
believe	believed	believed	creer
hold	held	held / holden	sostener
bring	brought	brought / broughten	traer
happen	happened	happened	suceder / ocurrir
write	wrote	written	escribir
provide	provided	provided	proporcionar

Verbo	Pasado Simple	*Participio*	Traducción
sit	sat	*sat*	sentarse
stand	stood	*stood / standen*	estar de pie
lose	lost	*lost*	perder
pay	paid	*paid*	pagar
meet	met	*met*	conocer / reunirse
include	included	*included*	incluir
to continue	continued	*continued*	continuar
set	set	*set*	establecer / ajustar
learn	learned / learnt	*learned / learnt*	aprender / saber
change	changed	*changed*	cambiar
lead	led	*led*	liderar
understand	understood	*understood*	comprender
watch	watched	*watched*	ver / mirar
follow	followed	*followed*	seguir
stop	stopped	*stopped*	detener / parar
create	created	*created*	crear
speak	spoke / spake	*spoken*	hablar
read	read	*read*	leer
allow	allowed	*allowed*	permitir
add	added	*added*	añadir
spend	spent	*spent*	gastar
grow	grew	*grown*	crecer
open	opened	*opened*	abrir
walk	walked	*walked*	caminar / andar
win	won	*won*	ganar
offer	offered	*offered*	ofrecer
remember	remembered	*remembered*	recordar
love	loved	*loved*	amar
consider	considered	*considered*	considerar

Verbo	Pasado Simple	Participio	Traducción
appear	appeared	**appeared**	aparecer
buy	bought	**bought / boughten**	comprar
wait	waited	**waited**	esperar
serve	served	**served**	servir
die	died	**died**	morir
send	sent	**sent**	enviar
expect	expected	**expected**	esperar / contar con
build	built	**built**	construir
stay	stayed	**stayed**	permanecer /
fall	fell	**fallen**	quedarse caer
cut	cut	**cut**	cortar
reach	reached	**reached**	llegar / alcanzar
kill	killed	**killed**	matar
remain	remained	**remained**	permanecer /
suggest	suggested	**suggested**	quedarse sugerir
raise	raised	**raised**	elevar / levantar
pass	passed	**passed**	pasar / aprobar
sell	sold	**sold**	vender
require	required	**required**	exigir / necesitar
report	reported	**reported**	informar / comunicar
decide	decided	**decided**	decidir
pull	pulled	**pulled**	tirar / extraer

Pasado continuo (Past Continuous):

El pasado continuo es un tiempo verbal en inglés que se utiliza para describir una acción que estaba en progreso en un momento específico en el pasado. También se le conoce como pasado progresivo.

La estructura para el pasado continuo en inglés es:

"Sujeto + was/were + verbo en gerundio (-ing) + complemento"

El verbo auxiliar "was" se utiliza con la primera persona singular (I) y con la tercera persona singular (he, she, it), mientras que "were" se utiliza con la segunda persona singular y plural (you) y con todas las personas del plural (we, they).

Pronombres	Auxiliar
I SHE HE IT	WAS
YOU WE THEY	WERE

El gerundio es la forma del verbo que termina en "-ing". Por ejemplo, el verbo "speak" (hablar) en gerundio es "speaking" (hablando).

Aquí hay algunos ejemplos de la estructura del pasado continuo:

- **I was studying** *when* my friend called me. (Yo estaba estudiando cuando mi amigo me llamó).
- **They were walking** to the store *when* it started raining. (Ellos estaban caminando hacia la tienda cuando comenzó a llover).
- **She was playing** tennis all morning. (Ella estuvo jugando tenis toda la mañana).
- **We were watching** a movie *when* the power went out. (Estábamos viendo una película cuando se fue la luz).
- **He was cooking** dinner *while* his wife was setting the table. (Él estaba cocinando la cena mientras su esposa estaba poniendo la mesa).

Practice 2

1. **Completa las siguientes oraciones con la forma adecuada del pasado continuo del verbo entre paréntesis.**
Ejemplo:

She _____ (read) a book when the phone rang. Respuesta: She **was reading** a book when the phone rang.

1. I _____ (study) when my friend called me.
2. They _____ (drive) to the airport when the traffic jam happened.
3. She _____ (dance) when the music suddenly stopped.
4. We _____ (watch) a movie when the power went out.

2. **Escribe una oración en pasado continuo que describa la siguiente imagen:**

Imagen: Una persona caminando por la calle mientras habla por teléfono. **Respuesta**: He/she was walking down the street while talking on the phone.

- **Imagen**: Dos amigos jugando fútbol en el parque.

_____

3. **Traduce las siguientes oraciones al pasado continuo en inglés:**

Estábamos esperando en la estación cuando llegó el tren.

_____

Ella estaba leyendo un libro cuando se quedó dormida.

_____

Estaban cocinando cuando se acabó el gas.

_____

Yo estaba estudiando cuando mi amigo llegó a casa.

_____

Presente perfecto (Present Perfect)

El presente perfecto en inglés se utiliza para hablar de acciones que han ocurrido en un tiempo no especificado entre el pasado y el presente, o que han comenzado en el pasado y continúan en el presente.

La estructura del presente perfecto en inglés se forma con el presente del verbo **"to have"** (have/has) + el participio pasado del verbo principal.

La estructura es la siguiente:
Sujeto + have/has + participio pasado del verbo principal

Pronombres	Auxiliar
SHE HE IT	has
I YOU WE THEY	have

Ejemplos:

- **I have eaten** breakfast already. (Ya he desayunado.)
- **She has seen** that movie before. (Ella ha visto esa película antes.)
- **They have lived** in this city for three years. (Ellos han vivido en esta ciudad por tres años.)
- **He has** never **been** to Europe. (Él nunca ha estado en Europa.)
- **We have studied** English for five years. (Nosotros hemos estudiado inglés por cinco años.)

Practice 3

1. Completa las siguientes oraciones en presente perfecto:

Ejemplo:

I _____ (read) three books this month. Respuesta: **I have read** three books this month.

1. I _____ (not finish) my homework yet.
2. She _____ (never try) sushi before.
3. They _____ (already visit) New York City.
4. He _____ (live) in London for two years.
5. We _____ (not see) that movie yet.

2. Cambia las siguientes oraciones al presente perfecto:

- I went to the gym yesterday.

Respuesta: I have gone to the gym before

- She watched a movie last night.

_____

- They visited their grandparents last week.

_____

- He finished his project this morning.

_____

- We studied for the test all week.

_____

3. Escribe 3 oraciones en presente perfecto que describan una experiencia personal. Por ejemplo: "I have never been to Europe before (nunca he estado en Europa anteriormente)."

_____
_____
_____

Futuro Continuo (Future Continuos)

El futuro continuo es un tiempo verbal que se utiliza para hablar de acciones que estarán en progreso en un momento específico en el futuro. Se forma con el futuro del verbo "to be" seguido del gerundio del verbo principal (-ing).

La estructura del futuro continuo es la siguiente:

Sujeto + will be + verbo en gerundio

Examples:

- **"I will be studying** for my exams next week." (Estaré estudiando para mis exámenes la próxima semana)
- **"They will be traveling** to Europe this summer." (Ellos estarán viajando a Europa este verano)
- **"She will be attending** a conference in Japan next month." (Ella estará asistiendo a una conferencia en Japón el próximo mes)
- **"We will be celebrating** our anniversary at a fancy restaurant." (Estaremos celebrando nuestro aniversario en un restaurante elegante)
- **"He will be playing** in a concert next weekend." (Él estará tocando en un concierto el próximo fin de semana)

Practice 4

1. **Completa las siguientes oraciones en futuro continuo:**

- By this time tomorrow, I _____ (study) for the exam.
- At this time next week, they _____ (drive) to Florida.
- By the end of the day, she _____ (work) on her project for six hours.

2. **Crea una oración en futuro continuo utilizando la siguiente información:**
- Hora: 9:00 PM
- Acción: tú (watch) la televisión
- Momento futuro: mañana a las 6:00 AM

_____

3. **Transforma las siguientes oraciones en futuro continuo:**
- They will eat dinner at 7 PM.

_____

- She will read a book tonight.

_____

- We will drive to the beach on Saturday.

_____

Futuro Perfecto (Future perfect)

El futuro perfecto es un tiempo verbal que se utiliza para expresar acciones o eventos que se completarán en un momento específico en el futuro. La estructura básica del futuro perfecto es:
La estructura del futuro continuo es la siguiente:

Sujeto + will have + participio pasado del verbo
Examples:

- Para la oración afirmativa:

"By next year, **I will have graduated** from college." (Para el próximo año, **me habré graduado** de la universidad)

- Para la oración negativa:

"**She will not have finished** her book by the end of the month." (Ella **no habrá terminado** su libro para el final del mes)

- Para la oración interrogativa:

"**Will you have completed** the project by next week?" (¿**Habrás completado** el proyecto para la próxima semana?)

Practice 5

Example: By the time the concert starts, she _____ (wait) for two hours.

Respuesta: By the time the concert starts, she will have been waiting for two hours.

1. _____ (you / finish) the project by tomorrow afternoon?
2. By this time next year, we _____ (save) enough money to buy a new car
3. She _____ (graduate) from college by the end of this semester.
4. They _____ (travel) to all seven continents by the time they turn 30.
5. I _____ (learn) French for five years by the end of this month.
6. By next week, he _____ (read) three books on the subject.
7. By the time he retires, he _____ (work) at the company for 40 years.
8. In two years, they _____ (move) to a new house.

Verbos Modales

En la serie uno tocamos este tema, pero vamos a reforzarlo para alcanzar un dominio en el idioma.

Los verbos modales son una categoría de verbos en inglés que se utilizan para expresar habilidades, posibilidades, obligaciones y otros aspectos del lenguaje. Algunos ejemplos de verbos modales son **"can"**, **"should"**, **"must"**, **"may"**, **"might"** y **"would"**. Aquí te dejo algunos ejercicios para practicar:

1. **"Can"** (poder): I can speak Spanish fluently. (Puedo hablar español con fluidez.)

2. **"Could"** (podría): I could help you with your project if you need it. (Podría ayudarte con tu proyecto si lo necesitas.)

3. **"May"** (poder): You may leave the class early if you finish your work. (Puedes salir temprano de la clase si terminas tu trabajo.)

4. **"Might"** (podría): She might be able to come to the party. (Ella podría ser capaz de venir a la fiesta.)

5. **"Will"** (futuro): I will study for the exam tomorrow. (Voy a estudiar para el examen mañana.)

6. **"Would"** (condicional): If I had more time, I would travel around the world. (Si tuviera más tiempo, viajaría por todo el mundo.)

7. **"Should"** (debería): You should see a doctor if you are feeling sick. (Deberías ver a un médico si te sientes enfermo.)

8. **"Must"** (deber): I must finish this report before the deadline. (Debo terminar este informe antes de la fecha límite.)

9. **"Ought to"** (debería): You ought to apologize for what you said. (Deberías disculparte por lo que dijiste.)

10. **"Need to"** (necesitar): We need to start working on the project today. (Necesitamos comenzar a trabajar en el proyecto hoy.)

Practice 6

1. Completa las siguientes oraciones en presente perfecto:

2. I _____ speak Spanish fluently. (can / should)
3. You _____ take a break and rest for a while. (must / might)
4. She _____ be at home by now. (should / may)
5. We _____ go to the gym every day to stay in shape. (should / must)
6. They _____ not arrive on time due to the traffic. (might / would)

2. Elige el verbo modal correcto para completar las siguientes oraciones:

1. I have a headache. I _____ take some aspirin. (may / should)
2. He _____ come to the party with us if he wants to. (can / must)
3. You _____ study harder if you want to get good grades. (might / should)
4. We _____ go to the beach this weekend if the weather is good. (may / would)
5. They _____ not be able to make it to the meeting tomorrow. (should / might)

3. Reescribe las siguientes oraciones utilizando un verbo modal apropiado:

1. It is not necessary to arrive early for the meeting. (mustn't / don't have to)
2. He has the ability to play the guitar very well. (can / may)
3. I am not sure if I am allowed to bring my pet to the park. (might / should)
4. We are allowed to park our car here for two hours. (can / may)
5. It is important to eat healthy and exercise regularly. (must / should)

4. Story: Lee en voz alta y subraya el presente perfecto:

Samantha <u>has been living</u> in New York City for five years. During that time, she has explored the city and made many friends. Recently, she has been feeling a bit restless and has been thinking about moving to a new city. She has been researching different places to live and has finally decided to move to San Francisco. She has never been there before, but she has heard great things about the city. She has already found a new job and a place to live, and she is excited to start this new chapter in her life.

Prepositions (Preposiciones)

Ya habíamos mencionados las preposiciones, pero esta parte suele ser muy confusa, por ende volveremos a trabajar en las mismas. (Puede consultar el libro uno para una amplia información, aquí lo pondremos en practica)

Las preposiciones en inglés son palabras que se utilizan para establecer una relación entre dos elementos en una oración. Al igual que en español, las preposiciones en inglés conectan los elementos de una oración, tales como sustantivos, pronombres o verbos, entre otros.

Algunos ejemplos de preposiciones comunes en inglés son: in, on, at, by, for, to, from, with, without, of, about, among, between, across, through, etc.

Aquí hay algunos ejemplos de cómo se usan las preposiciones en inglés en oraciones:

I am going to the store with my friend. ("with" indica compañía o cooperación)

The book is on the table. ("on" indica posición)

He is traveling to Europe next week. ("to" indica dirección o destino)

She is studying for her exam. ("for" indica propósito o finalidad)

They are talking about their plans for the weekend. ("about" indica tema de conversación)

Practice 7

Completa las siguientes oraciones con la preposición adecuada:

1. She lives _____ the city center. (in / on / at)

2. They arrived _____ the airport early. (in / on / at)

3. He works _____ a bank. (in / on / at)

4. We are going _____ the beach this weekend. (to / on / at)

5. The book is _____ the table. (in / on / at)

6. I'm going to the store _____ my sister. (with / to)

7. The cat is sitting ____ the couch. (on / at / it)

8. He is ____ Spain. (for/ from/ at)

9. We walked _____ the park. (for/ to/ through)

10. She is studying _____ her exam. (at/ for/ with)

11. We met _____ the coffee shop. (at / in / on)

12. The train leaves _____ 7pm. (at / in / on)

13. They are walking _____ the street. (in / on / at)

14. I'm allergic _____ peanuts. (to / of / for)

15. The dog ran _____ the house. (into / onto / on)

Read the story and underlines the prepositions

Lee la historia y subraya las preposiciones

Practice 8

Emma and John met at the university. During their first year, they studied together for their exams and became friends. After graduation, they both moved to different cities to look for work. Despite the distance, they stayed in touch by phone and email. Finally, after two years, John got a job offer in the same city as Emma.

They were both excited to be living in the same place again, and they started looking for an apartment near their new jobs. They found a nice place near the park, and they moved in together. Now, they enjoy taking walks in the park and exploring the city together.

Haz una historia usando preposiciones:

_____

_____

_____

_____

_____

_____

_____

_____

_____

_____

_____

_____

_____

_____

_____

_____

_____

Adjetivos y Comparaciones

Puedes consultar la lista de adjetivos comunes en el anexo al final del libro.

En inglés, las comparaciones se pueden hacer de tres maneras diferentes:

Comparativo: se utiliza para comparar dos cosas o personas. Se forma agregando "**-er**" al final del adjetivo corto, o usando "**more**" delante del adjetivo largo. También se usa la palabra "than"

Por ejemplo:
- He is tall**er than** his brother. (Él es más alto que su hermano)
- She is **more** intelligent **than** her sister. (Ella es más inteligente que su hermana)

Superlativo: se utiliza para comparar tres o más cosas o personas. Se forma agregando "**-est**" al final del adjetivo corto, o usando "**the most**" delante del adjetivo largo.

Por ejemplo:
- He is the tall**est** person in his family. (Él es el más pequeño de su familia)
- She is **the most** intelligent person in her family. (Ella es la más inteligente de su familia)

Igualdad: se utiliza para expresar que dos cosas o personas son iguales en alguna característica. Se usa "**as**" (como) delante del adjetivo para hacer la comparación.

Por ejemplo:
- She is as tall **as** her brother. (Ella es alta <u>como</u> su hermano)
- He is as intelligent **as** his sister. (Él es inteligente <u>como</u> su hermana)

Es importante recordar que algunos adjetivos no siguen estas reglas y tienen formas comparativas y superlativas irregulares, como "good" (bueno), "better" (mejor), "best" (el mejor).

Cuando se forman comparativos y superlativos de adjetivos en inglés, a veces es necesario <u>duplicar la última consonante de la raíz del adjetivo</u> para mantener el sonido vocálico original de la palabra. Esta regla se aplica a adjetivos de una sola sílaba que terminan en una consonante seguida de una vocal, y se utiliza para evitar que la vocal final se combine con la vocal inicial de la terminación.

Ejemplo:
1. "Big" (grande) - al agregar "-ger" para formar el comparativo "bigger", se duplica la "g" para mantener el sonido de la vocal "i".

Estos adjetivos tienen formas comparativas y superlativas irregulares:
- **good**: better (mejor), the best (el mejor)
- **bad**: worse (peor), the worst (el peor)
- **far**: farther/further (más lejos), the farthest/furthest (el más lejos)
- **little**: less (menos), the least (el menos)
- **much**: more (más), the most (el más)
- **many**: more (más), the most (el más)
- **well**: better (mejor), the best (el mejor)

Practice 9

1.Completa las siguientes oraciones con la forma comparativa adecuada del adjetivo:

Her cat is _____ (big) than mine.

This shirt is _____ (expensive) than the other one.

My brother is _____ (tall) than me.

The movie we saw last night was _____ (good) than the one we saw the week before.

I think this book is _____ (interesting) than the one I read last month.

2. Reemplaza las palabras subrayadas con la forma comparativa adecuada del adjetivo:

The blue car is _____ than the red car. (fast)

I'm feeling _____ today than yesterday. (good)

She is a _____ dancer than her sister. (good)

His grades are _____ this semester than last semester. (bad)

The city is getting _____ every day. (busy)

3. Completa las oraciones con la forma comparativa adecuada del adjetivo:

The elephant is _____ (heavy) than the giraffe.

My house is _____ (old) than yours.

The winter is _____ (cold) than the fall.

His new phone is _____ (expensive) than his old one.

This apple is _____ (sweet) than that one.

4. Completa las siguientes oraciones con la forma superlativa adecuada del adjetivo:

This is _____ (tall) building in the city.

He is _____ (fast) runner on the track team.

That was _____ (funny) movie I've ever seen.

She is _____ (smart) person in our class.

That is _____ (interesting) book I've ever read.

5. Completa las oraciones con la forma superlativa adecuada del adjetivo:

* The sun is _____ (hot) object in our solar system.
* This is _____ (old) building in the city.
* The Pacific Ocean is _____ (deep) ocean in the world.
* That was _____ (exciting) experience of my life.
* She is _____ (beautiful) person I've ever met.

6.Completa las oraciones con la forma de igualdad adecuada del adjetivo:

* This city is _____ (big) as New York.
* The coffee here is _____ (good) as the coffee at the other café.
* My phone is _____ (new) as hers.
* The hotel we stayed at was _____ (nice) as the one they recommended.

Adverbios

Si necesitas reforzar los adverbios puedes consultar la lista de adjetivos comunes en el anexo.

Los adverbios en inglés son una parte importante del discurso y se utilizan para modificar verbos, adjetivos u otros adverbios en una oración. Los adverbios pueden expresar información sobre la frecuencia, el tiempo, la cantidad, la ubicación, la manera, el grado y otros aspectos del verbo o del adjetivo que modifican.

A continuación se presentan algunas reglas gramaticales que debes saber acerca de los adverbios en inglés:

Formación de adverbios:
En general, la mayoría de los adverbios se forman añadiendo "**-ly**" al adjetivo. Por ejemplo, "slow" (lento) se convierte en "slowly" (lentamente). Sin embargo, hay algunos adjetivos que no terminan en "-ly" y que no siguen esta regla. Por ejemplo, "fast" (rápido) se convierte en "fast" (rápidamente).

Posición de los adverbios:
En una oración en inglés, los adverbios suelen colocarse después del verbo principal. Por ejemplo: "She sings **beautifully**". Sin embargo, si el verbo es un verbo compuesto, como "to be" o "to have", el adverbio suele colocarse entre los dos verbos. Por ejemplo: "He has **always** been honest". Además, algunos adverbios pueden colocarse al principio de una oración para dar énfasis, como en "**Clearly**, he was lying" (Claro, él esta mintiendo).

Adverbios de frecuencia:
Los adverbios de frecuencia, como "**always**", "**often**" y "**sometimes**", se colocan antes del verbo principal en una oración afirmativa. En una oración negativa, el adverbio de frecuencia se coloca entre el verbo auxiliar y el verbo principal. Por ejemplo: "I always eat breakfast" (Yo siempre desayuno), "He doesn't often go to the gym" (El no va al gimnasio a menudo).

Adverbios de grado:
Los adverbios de grado, como "**very**", "**quite**" y "**extremely**", se utilizan para modificar el grado de un adjetivo o adverbio. Normalmente se colocan antes del adjetivo o adverbio que están modificando. Por ejemplo: "The weather is very hot" (El clima está muy caliente), "She sings quite beautifully" (Ella canta bastante bonito).

Adverbios de tiempo:
Los adverbios de tiempo se utilizan para indicar cuándo ocurre una acción. Ejemplos de adverbios de tiempo en inglés son "**today**", "**yesterday**", "**tomorrow**", "**now**" y "**then**". Estos adverbios pueden colocarse al principio, en el medio o al final de una oración.

Practice 10

Posición de los adverbios (lee la página anterior para saber el orden)

1. **Reorganiza las palabras para que la oración tenga sentido:**

Ejemplo Usually / I / to work / drive. Respuesta: I usually drive to work.

- Always / she / on time / is.

_____

- Late / they / are / never.

_____

- Carefully / the / read / instructions / he.

_____

- Never / we / have / been / there.

_____

2. **Completa las siguientes oraciones con "always", "often" o "sometimes" (adverbios de frecuencia)**

- I _____ eat breakfast before going to work.
- She _____ arrives late to meetings.
- They _____ go to the gym in the evenings.
- He _____ forgets his keys at home.
- We _____ watch movies on Friday nights.

3. **Completa las siguientes oraciones con la forma correcta del verbo "to be" y "always", "often" o "sometimes":**
- She _____ late to class.
- They _____ busy with work.
- He _____ forgetful.
- We _____ tired in the morning.
- I _____ in a rush to get things done.

4. **Completa las siguientes oraciones con un adverbio de tiempo adecuado ("yesterday", "tomorrow", "now" y "then"):**

- We will go to the beach _____.
- He saw her _____ at the mall.
- I will do my homework _____.
- She will start her new job _____.
- We went to the concert _____.

Inglés Conversacional

Aprender inglés conversacional con este libro es un buen punto de partida, pero también es importante complementarlo con práctica hablando y escuchando en situaciones reales.

A continuación, te ofrecemos algunos consejos para aprender inglés conversacional con este libro:

Lee en voz alta: Cuando leas el libro, lee en voz alta las conversaciones y diálogos para practicar tu pronunciación y tu entonación. Puedes grabarte para después escucharte y ver en qué puedes mejorar.

Practica con un compañero: Encuentra un amigo o compañero de estudio para practicar las conversaciones del libro en la vida real. Practica hacer preguntas, responder y mantener una conversación fluida.

Escucha conversaciones reales: Escucha conversaciones reales en inglés, ya sea en películas, series, canciones, podcasts o vídeos en línea. Presta atención a la pronunciación, el vocabulario y la gramática.

Aprende vocabulario nuevo: Busca el significado de las palabras nuevas que encuentres en el libro y practica usarlas en conversaciones cotidianas. También puedes crear tarjetas de vocabulario para repasar y memorizar palabras nuevas.

Practica, practica, practica: La clave para mejorar en inglés conversacional es practicar de manera regular. Intenta hablar en inglés siempre que puedas, aunque sea solo unas pocas palabras al día.

Recuerda que para aprender inglés conversacional de manera efectiva, es importante tener una combinación de recursos, incluyendo libros, actividades prácticas y conversaciones reales.

¡Sigue practicando y no te rindas!

Escanea el código QR y escucha la pronunciación mientras lees la conversación.

1 Conversation

Person 1: Good morning! How are you today?

Person 2: Good morning! I'm doing pretty well, thanks for asking. How about you?

Person 1: I'm doing fine, thanks. Did you have a good weekend?

Person 2: Yes, it was really nice. I went for a hike with some friends and then had a barbecue in the evening. How about you?

Person 1: Sounds like fun. I mostly just relaxed at home and caught up on some reading. Did you hear about the new café that just opened up on Main Street?

Person 2: No, I haven't. What's it like?

Person 1: It's really cozy and they have great coffee. We should check it out sometime.

Person 2: That sounds good to me. How about we go there for lunch tomorrow?

Person 1: Sure, sounds like a plan. What time works for you?

Person 2: How about around noon?

Person 1: That works for me. I'll meet you there at noon.

Person 2: Great, see you then.

2 Conversation

Waiter: Welcome, what would you like to order today?

Person 1: Hi, I would like a cheeseburger and french fries, please.

Waiter: Perfect, any drink to go with that?

Person 1: Yes, a large cola, please.

Waiter: Alright. And for you?

Person 2: I also want a hamburger, but without cheese. Is that possible?

Waiter: Of course, we can make that for you. Would you like fries and a drink as well?

Person 2: Yes, I'll have fries and a water, please.

Waiter: Great, I'll get that order in for you. Thank you.

3 Conversation

Nurse: Hi, can I help you with something?

Patient: Yes, I'm feeling really sick and I think I need to see a doctor.

Nurse: Of course, let me check the availability. What are your symptoms?

Patient: I have a fever, headache, and my throat is really sore.

Nurse: Okay, those are common symptoms of the flu. I'll book you an appointment with a doctor right away. In the meantime, you can sit down in the waiting room over there.

Patient: Thank you. How long do you think it will take?

Nurse: It shouldn't take more than 15-20 minutes. Is there anything else I can help you with?

Patient: No, that's all for now. Thank you.

Nurse: You're welcome. I hope you feel better soon.

1

2

3

1 Conversación traducida

Person 1: ¡Buenos días! ¿Cómo estás hoy?

Person 2: ¡Buenos días! Estoy bastante bien, gracias por preguntar. ¿Y tú?

Person 1: Estoy bien, gracias. ¿Tuviste un buen fin de semana?

Person 2: Sí, fue muy agradable. Fui de excursión con algunos amigos y luego tuve una barbacoa por la noche. ¿Y tú?

Person 1: Suena divertido. Principalmente me relajé en casa y pude ponerme al día con algunas lecturas. ¿Escuchaste acerca del nuevo café que acaba de abrir en Main Street?

Person 2: No, no he oído hablar de eso. ¿Cómo es?

Person 1: Es muy acogedor y tienen un gran café. Deberíamos revisarlo alguna vez.

Person 2: Suena bien para mí. ¿Qué tal si vamos allí para almorzar mañana?

Person 1: Claro, suena bien. ¿A qué hora te parece?

Person 2: ¿Qué tal alrededor del mediodía?

Person 1: Me parece bien. Nos vemos allí al mediodía.

Person 2: Genial, hasta entonces.

2 Conversación traducida

Camarero: Bienvenidos, ¿qué les gustaría pedir hoy?

Persona 1: Hola, me gustaría una hamburguesa con queso y papas fritas, por favor.

Camarero: Perfecto, ¿alguna bebida para acompañar?

Persona 1: Sí, un refresco grande de cola, por favor.

Camarero: Vale. ¿Y para usted?

Persona 2: Yo también quiero una hamburguesa, pero sin queso. ¿Es posible?

Camarero: Por supuesto, podemos hacer eso por usted. ¿Le gustarían papas fritas y una bebida también?

Persona 2: Sí, tendré papas fritas y un agua, por favor.

Camarero: Genial, tomaré su orden. Muchas gracia

3 Conversación traducida

Enfermera: Hola, ¿puedo ayudarte en algo?

Paciente: Sí, me siento realmente enfermo y creo que necesito ver a un médico.

Enfermera: Claro, déjame verificar la disponibilidad. ¿Cuáles son tus síntomas?

Paciente: Tengo fiebre, dolor de cabeza y mi garganta está muy dolorida.

Enfermera: De acuerdo, esos son síntomas comunes de la gripe. Te programaré una cita con un médico de inmediato. Mientras tanto, puedes sentarte en la sala de espera allí.

Paciente: Gracias. ¿Cuánto tiempo crees que tomará?

Enfermera: No debería tomar más de 15-20 minutos. ¿Hay algo más en lo que pueda ayudarte?

Paciente: No, eso es todo por ahora. Gracias.

Enfermera: De nada. Espero que te sientas mejor pronto.

4 Conversation

Ana: Hi Jake, how are you doing?

Jake: I'm good, thanks for asking. How about you?

Ana: I'm doing pretty well, thanks. Hey, did you hear about the new Italian restaurant that opened up on Oak Street?

Jake: No, I didn't. What's it like?

Ana: I went there with my family over the weekend and it was amazing. The food was delicious and the atmosphere was great.

Jake: That sounds fantastic. Maybe we could check it out together sometime.

Ana: That would be fun. How about this Friday?

Jake: I'm actually going out of town this weekend. How about next Tuesday?

Ana: Sure, that works for me. Let's plan to meet there at 6 pm. Jake: Sounds good to me. See you on Tuesday!

5 Conversation

John: Wow, you look really tired today. Did you get enough sleep last night?

Jamie: No, I only got about five hours of sleep. I've been feeling really exhausted lately.

John: That's too bad. You should try to get more sleep so you can feel better.

Jamie: I know, but I've been so busy with work and school that I just don't have time to sleep more.

John: Maybe you could try going to bed earlier or taking a nap during the day. It's important to take care of yourself.

Jamie: You're right. I need to start prioritizing my health over everything else.

John: It's not just your health that's at stake, but also your performance at work and school. If you're tired all the time, you won't be able to do your best.

Jamie: You're right. I'll try to make some changes and see if that helps.

John: Good luck! Let me know if there's anything I can do to help you out.

6 Conversation

Customer: Excuse me, can you tell me where I can find spaghetti in this supermarket?

Employee: Yes, sure. The pasta section is in aisle 6, which is two rows over and to your left. You'll see a sign that says "Pasta" above the section.

Customer: Oh, great. Thank you. And do you have any specific brand of spaghetti you would recommend?

Employee: Our store brand spaghetti is very popular and it's priced lower than most other brands. But we also have other brands like Barilla and Ronzoni if you prefer those.

Customer: I think I'll go with your store brand. Thanks for your help.

Employee: You're welcome. Let me know if you need any further assistance.

4

5

6

4 Conversación traducida

Ana: Hola Jake, ¿cómo estás?

Jake: Estoy bien, gracias por preguntar. ¿Y tú?

Ana: Estoy bastante bien, gracias. Oye, ¿escuchaste acerca del nuevo restaurante italiano que abrió en la calle Oak?

Jake: No, no lo hice. ¿Cómo es? Ana: Fui allí con mi familia durante el fin de semana y fue increíble. La comida era deliciosa y la atmósfera era genial.

Jake: Eso suena fantástico. Tal vez podríamos revisarlo juntos en algún momento.

Ana: Eso sería divertido. ¿Qué tal este viernes?

Jake: En realidad, me voy de la ciudad este fin de semana. ¿Qué tal el próximo martes?

Ana: Claro, me funciona. Planeemos encontrarnos allí a las 6 pm.

Jake: Me parece bien. ¡Nos vemos el martes!

5 Conversación traducida

John: Vaya, hoy te ves muy cansado. ¿Dormiste lo suficiente anoche?

Jamie: No, solo dormí alrededor de cinco horas. Me he sentido realmente agotado últimamente.

John: Qué mal. Deberías tratar de dormir más para que te sientas mejor.

Jamie: Lo sé, pero he estado tan ocupado con el trabajo y la escuela que simplemente no tengo tiempo para dormir más.

John: Tal vez podrías intentar acostarte más temprano o tomar una siesta durante el día. Es importante cuidar de ti mismo.

Jamie: Tienes razón. Necesito empezar a dar prioridad a mi salud sobre todo lo demás.

John: No solo está en juego tu salud, sino también tu rendimiento en el trabajo y la escuela. Si estás cansado todo el tiempo, no podrás hacer lo mejor.

Jamie: Tienes razón. Intentaré hacer algunos cambios y ver si eso ayuda.

John: ¡Buena suerte! Hazme saber si hay algo en lo que pueda ayudarte.

6 Conversación traducida

Customer: Disculpe, ¿puede decirme dónde puedo encontrar espaguetis en este supermercado?

Empleado: Sí, claro. La sección de pasta está en el pasillo 6, que está a dos filas a la izquierda. Verá un letrero que dice "Pasta" encima de la sección.

Customer: Ah, genial. Gracias. ¿Y tiene alguna marca específica de espaguetis que recomiende?

Empleado: Nuestra marca de espaguetis es muy popular y su precio es más bajo que la mayoría de las otras marcas. Pero también tenemos otras marcas como Barilla y Ronzoni si prefiere esas.

Customer: Creo que me iré con su marca de la tienda. Gracias por su ayuda.

Empleado: De nada. Háganos saber si necesita más ayuda.

Lecturas Comprensivas

Las lecturas comprensivas son una herramienta muy útil para aprender inglés, ya que ofrecen varios beneficios, tales como:

Aprendizaje de vocabulario: Las lecturas comprensivas pueden ayudar a los estudiantes a aprender nuevas palabras y a mejorar su vocabulario. Los lectores pueden identificar y comprender el significado de las palabras desconocidas a través del contexto y de la lectura repetida.

Mejora de la gramática: Las lecturas comprensivas pueden ayudar a los estudiantes a entender y utilizar la gramática de manera más efectiva. Al leer textos, los estudiantes pueden ver cómo se utilizan los diferentes tiempos verbales, los modos y las estructuras gramaticales en diferentes contextos.

Desarrollo de la comprensión: La lectura es una forma efectiva de desarrollar la comprensión en inglés. Los estudiantes pueden mejorar su comprensión del lenguaje a través de la lectura repetida y la identificación de los puntos clave de la historia.

Exposición a diferentes temas y culturas: Las lecturas comprensivas pueden ayudar a los estudiantes a aprender sobre diferentes temas y culturas. A través de la lectura de textos, los estudiantes pueden aprender sobre temas como la historia, la ciencia, la literatura y más.

Desarrollo de habilidades de comunicación: La lectura puede ayudar a los estudiantes a desarrollar habilidades de comunicación en inglés. Al leer y comprender textos, los estudiantes pueden mejorar su capacidad para comunicarse con hablantes nativos y para expresarse con mayor precisión en situaciones cotidianas.

En resumen, las lecturas comprensivas son una herramienta poderosa para aprender inglés, ya que ayudan a los estudiantes a mejorar su vocabulario, comprensión, gramática y habilidades de comunicación, mientras los exponen a diferentes temas y culturas.

Escanea el código QR y escucha la pronunciación.

Reading 1

Sara is a teacher. She teaches first grade at a local elementary school. She loves working with children and helping them learn new things. Today, she is teaching the students how to read and write the letter "A." She writes the letter on the board and helps the students sound out different words that start with "A," such as apple and alligator.

Comprehension Questions:

1. What is Sara's job?
2. What grade does Sara teach?
3. What is Sara teaching her students today?
4. What letter is Sara teaching the students to read and write?
5. What are some words that start with the letter "A" that Sara teaches the students?

_____

_____

_____

_____

_____

_____

_____

_____

_____

_____

_____

_____

_____

_____

_____

_____

Reading 2

Tom loves to ride his bike. He goes for a bike ride every day after work. Today, he decides to take a new route and explore the city. He rides his bike through different neighborhoods, parks, and along the river. Tom enjoys the beautiful scenery and fresh air.

Comprehension Questions:

1. What does Tom love to do?
2. When does Tom go for a bike ride?
3. What does Tom decide to do today?
4. Where does Tom ride his bike through?
5. What does Tom enjoy about his bike ride?

Reading 3

Mary is a nurse. She works at a hospital and helps take care of patients. Today, she is working in the pediatric ward. She checks on the children and makes sure they are comfortable. She also gives them their medication and helps them with any needs they have.

Comprehension Questions:

1. What is Mary's job?
2. Where does Mary work?
3. What is Mary's job today?
4. What does Mary do in the pediatric ward?
5. What are some things Mary helps the children with?

Reading 4

Bob loves to play guitar. He is practicing a new song that he wants to perform for his friends. He plays the song over and over again, trying to get the chords and melody just right.

Comprehension Questions:

1. What does Bob love to do?
2. What is Bob practicing?
3. Why is Bob practicing?
4. How many times does Bob play the song?
5. What is Bob's goal for the song?

_____

_____

_____

_____

_____

_____

_____

_____

_____

_____

_____

_____

_____

_____

_____

_____

_____

_____

_____

Reading 5

Mia loves to play basketball. She plays on the school basketball team and practices every day after school. Today, she is practicing her layups and shooting free throws. She wants to improve her skills so she can help her team win the next game.

Comprehension Questions:

1. What does Mia love to do?
2. What team does Mia play on?
3. What is Mia practicing today?
4. Why is Mia practicing?
5. What is Mia's goal for the next game?

_____

_____

_____

_____

_____

_____

_____

_____

_____

_____

_____

_____

_____

_____

_____

_____

_____

_____

Reading 6

Max is a chef. He works at a restaurant and loves to cook delicious meals. Today, he is preparing a special dish for the restaurant's menu. He adds spices and herbs to the dish to give it a unique flavor. He tastes the dish to make sure it's perfect before serving it to customers.

Comprehension Questions:

1. What is Max's job?
2. Where does Max work?
3. What is Max preparing today?
4. What does Max add to the dish?
5. What does Max do before serving the dish to customers?

Reading 7

Lena is a student. She loves to read books and learn new things. Today, she is reading a book about the solar system. She learns about the planets and how they orbit around the sun. She is amazed by the vastness and complexity of the universe.

Comprehension Questions:

1. What does Lena love to do?
2. What is Lena reading today?
3. What does Lena learn about in the book?
4. What amazes Lena about the universe?

_____

_____

_____

_____

_____

_____

_____

_____

_____

_____

_____

_____

_____

_____

_____

_____

Reading 8

Tommy is a gardener. He loves to plant flowers and vegetables in his garden. Today, he is planting tomatoes. He digs holes in the soil and places the tomato plants in them. He waters the plants and hopes they will grow big and juicy.

Comprehension Questions:

1. What is Tommy's job?
2. What does Tommy love to do?
3. What is Tommy planting today?
4. What does Tommy do to the soil?
5. What does Tommy hope for the tomato plants?

_____

_____

_____

_____

_____

_____

_____

_____

_____

_____

_____

_____

_____

_____

_____

Reading 9

Jenny loves to bake. She has a new recipe for chocolate chip cookies that she wants to try. She gets all of the ingredients and mixes them together. She puts the cookies in the oven and waits for them to bake. When they are done, she takes them out and they smell delicious.

Comprehension Questions:

1. What does Jenny love to do?
2. What kind of cookies is she making?
3. What does she do with the ingredients?
4. What does Jenny do while she waits for the cookies to bake?
5. What do the cookies smell like when they are done?

_____

_____

_____

_____

_____

_____

_____

_____

_____

_____

_____

_____

_____

_____

_____

_____

Reading 10

Emma is a student. She is taking a math test today. She studied hard and feels prepared. During the test, she takes her time and double-checks her work. When she finishes, she feels confident that she did well.

Comprehension Questions:

1. What is Emma's job?
2. What kind of test is Emma taking today?
3. How does Emma feel about the test?
4. What does Emma do during the test?
5. How does Emma feel when she finishes?

Expresiones Idiomáticas
(Idiomatic Expressions)

Las expresiones idiomáticas en inglés son frases o expresiones que no se pueden entender literalmente. A menudo tienen un significado diferente al de las palabras individuales que las componen y son una parte importante de la cultura y el lenguaje de un país o región.

Las expresiones idiomáticas pueden ser difíciles de entender para los hablantes de otros idiomas, ya que su significado no se puede deducir a partir de las palabras que las componen. Por ejemplo, la expresión idiomática en inglés "to pull someone's leg" significa bromear o engañar a alguien, pero la frase no tiene nada que ver con jalar una pierna.

Aprender y utilizar expresiones idiomáticas apropiadamente puede mejorar la comprensión y el uso del idioma inglés. Además, las expresiones idiomáticas son una parte importante de la comunicación informal y pueden añadir sabor y color a la conversación. Aprender expresiones idiomáticas también puede ayudarte a comprender mejor la cultura y el lenguaje de los hablantes nativos de inglés.

En resumen, las expresiones idiomáticas en inglés son frases o expresiones que tienen un significado diferente al de las palabras individuales que las componen y son una parte importante de la cultura y el lenguaje de un país o región. Aprenderlas puede mejorar la comprensión y el uso del idioma inglés, así como también añadir sabor y color a la conversación.

Escanea el código y escucha la pronunciación mientras lees la conversación.

A blessing in disguise [a blesing in disgáis] - No hay mal que por bien no venga

A dime a dozen [a dáaim a dozen] - Muy común, corriente

Actions speak louder than words [ations spíik láurer dan wóords] - Los hechos hablan más que las palabras

All ears [ol íer] - Prestar atención, estar pendiente

All thumbs [ol dóoms] - Muy torpe

At the drop of a hat [at de drop of a jáat] - De inmediato, sin pensarlo dos veces

Back to the drawing board [báak tu de dráwing board] - De vuelta a la casilla de salida

Barking up the wrong tree [báarking up de wrong tríi] - Equivocado, ir en la dirección equivocada

Beat around the bush [bíit araund de bosh] - Andar con rodeos, no ir al grano

Best of both worlds [best of boud uo-rods] - Lo mejor de dos mundos

Bite the bullet [baɪt de buléet] - Aceptar algo desagradable y hacerlo de todos modos

Break a leg [breɪk a léeg] - ¡Buena suerte!

Butterflies in your stomach [borer-flays in íour stomach] - Mariposas en el estómago, sentirse nervioso o ansioso

By the skin of your teeth [bay de skin of íour tíid] - Por los pelos

Can't judge a book by its cover [kéent yuch a búuk bay itz cover] - Las apariencias engañan

Caught between a rock and a hard place [kat bɪtwin a rok end a jard pleɪs] - Entre la espada y la pared.

Cut to the chase [kot tu de cheís] - Ir al grano, dejar de lado lo innecesario

Devil's advocate ['devolz advokeít] - Defender el punto de vista opuesto para generar un debate o discusión.

- **Don't count your chickens before they hatch** [doont kaunt íour chíikens bɪfoare dey jatch] - No contar con algo antes de que suceda

- **Don't cry over spilled milk** [doont kraɪ ˈover spɪld mɪlk] - No llorar por lo que no tiene solución

- **Don't put all your eggs in one basket** [dóont put ol íour egz ɪn wan ˈbɑsket] - No poner todos los huevos en la misma canasta

- **Down to earth** [daun to éerd] - Sencillo, humilde, realista

- **Elvis has left the building** [ˈevels jaz left de ˈbildɪn] - El espectáculo ha terminado

- **Every cloud has a silver lining** [ˈevri klaud jaz a ˈsɪlver laɪnɪn] - No hay mal que por bien no venga
- **Fit as a fiddle** [fɪt az a ˈfɪrol] - Muy saludable, en buena forma

- **From rags to riches** [from ragz tuː ˈrichz] - De la nada al éxito

- **Get a taste of your own medicine** [gɛt a teɪst of íour on ˈmɛdɪsɪn] -Toma una cucharada de tu propia medicina

- **Get something off your chest** [gɛt ˈsomdɪn of íour chɛst] - Desahogarse, sacar algo que te estaba preocupando

- **Give the benefit of the doubt** [gɪf de bɛnɪfɪt of de dáot] - Dar el beneficio de la duda Go the extra mile [gəʊ ði ˈɛkstrə maɪl] - Ir más allá, hacer un esfuerzo adicional

- **Good things come to those who wait** [gud dɪŋz kom tu doz ju weɪt] - Las cosas buenas llegan para aquellos que saben esperar

- **Hang in there** [jéeng ɪn dear] - Aguanta, mantente fuerte. No te rindas

- **Hit the nail on the head** [jɪt de neɪl on de jɛd] - Dar en el clavo, acertar

- **In the heat of the moment** [ɪn de hit of de ˈmoment] - En el momento de la tensión, de la emoción

- **It takes two to tango** [ɪt teɪks tu ˈtango] - Se necesitan dos para bailar tango

- **Jump on the bandwagon** [yump on de ˈbandˌwagon] - Unirse a una moda o tendencia

- **Keep your chin up** [kíip íour chíin up] - Mantener el ánimo en alt. Mantén tu frente en alto

- **Kill two birds with one stone** [kɪl tu: bɜrdz wɪd wan stóon] - Matar dos pájaros de un tiro

- **Let the cat out of the bag** [lɛt de káat aut of de bag] - Revelar un secreto

- **Like father, like son** [laɪk ˈfɑder laɪk son] - De tal palo, tal astilla

- **Live and learn** [lɪf end léern] - Aprender de los errores

- **Make a long story short** [meɪk a long ˈstory short] - Resumir algo largo de forma breve

- **Make ends meet** [meɪk endz miit] - Llegar a fin de mes

- **Miss the boat** [mɪs de bout] - Perder una oportunidad

- **No pain, no gain** [nou peɪn nou geɪn] - Sin sacrificio no hay ganancia

- **Once in a blue moon** [wans ɪn a blu mun] - Muy raramente, en contadas ocasiones

- **Over the moon** [ˈover de muun] - Muy emocionado, contento

- **Piece of cake** [pis of keɪk] - Muy fácil, pan comido

- **Pull someone's leg** [pul ˈsomˈwanz leg] - Tomar el pelo a alguien, hacer una broma

- **Put a sock in it** [put a sook ɪn ɪt] - Cállate, deja de hablar

- **Put all your cards on the table** [put ol íour kɑrdz on de ˈteɪbol] - Revelar toda la información, ser honesto

- **Rain cats and dogs** [reɪn kats end dogs] - Llover a cántaros

- **Rome wasn't built in a day** [room wɒznt bɪlt ɪn a deɪ] - Las cosas importantes llevan tiempo (Roma no se construyo en un día)

- **Sick as a dog** [sɪk az a dog] - Muy enfermo (enfermo como un perro)

- **Sitting duck** [ˈsɪrin duk] - Persona vulnerable, fácil de atacar

- **So far so good** [so fɑr so gud] Hasta ahora todo va bien (ESTA ES MUY USADA EN USA)

- **Speak of the devil** [spiɪk of de ˈdivol] - Hablando del rey de Roma

- **Take it with a grain of salt** [teɪk ɪt wɪd a greɪn of saalt] - No creer completamente en algo, ser escéptico

- **The ball is in your court** [de bool ɪz ɪn íour kourt] - Depende de ti, la pelota está en tu tejado

- **The best of both worlds** [de bɛst of boud wor-odz] - Lo mejor de dos mundos

- **The early bird catches the worm** [de erli bɜrd ˈkachz de worm] - El que madruga, Dios le ayuda

- **The elephant in the room** [de ˈɛlefant ɪn de rúum] - El tema del que nadie quiere hablar

- **The icing on the cake** [de ˈaɪsɪn on de keɪk] - Lo mejor de lo mejor, la cereza del pastel

- **The pot calling the kettle black** [de pot ˈkolɪn de ˈkɛrol bláak] - Criticar a alguien por algo que también hace

- **There's no place like home** [dɛarz nou pleɪs laɪk jóom] - No hay nada como estar en casa

- **Throw in the towel** [drou ɪn the ˈtawel] - Rendirse, abandonar algo. Tirar la toalla

- **Time flies when you're having fun** [taɪm flaɪz wɛn iu ar ˈjavɪn fun] - El tiempo vuela cuando te diviertes

- **To kill time** [tu: kɪl taɪm] - Matar el tiempo

- **Two heads are better than one** [tu hɛdz ɑr bɛrer dan wan] - Dos cabezas piensan mejor que una

- **Under the weather** [ˈunder de ˈwɛder] - No sentirse bien, enfermo

- **Until the cows come home** [unˈtɪl de kauz kom jóom] - Hasta el infinito y más allá (hasta que las vacas vengan a casa)

- **Up in the air** [op ɪn de ɛar] - Sin decidir, en duda

- **Wake up on the wrong side of the bed** [weɪk op on de rong saɪd of de bɛd] - Levantarse con el pie izquierdo, empezar el día de mal humor

- **Where there's smoke, there's fire** [wear derz smouk derz faɪer] - Donde hay humo, hay fuego

Short Story

Pequeñas lecturas con diferentes escenarios

Short Story

Ahora pasaremos a otro nivel.

Te recomiendo a que subraye los vocabularios que no sepas y tengas una idea de su significado, tomando en cuenta el contexto. Como ultima opción, traduce.

Lee las historias en voz altas con un mínimo de 3 veces por historias y verás que ya estará listo para discutir cualquier tema en inglés.

Escanea el código y escucha la pronunciación mientras lees la conversación.

Short Story 1

It was a beautiful day in the small town of Maplewood. The sun was shining and the birds were chirping. John, a young man, decided to take a walk through the park. As he strolled along the path, he noticed a woman sitting on a bench, crying. He hesitated for a moment but then approached her.

"Excuse me, is everything okay?" John asked.

The woman looked up at him, tears streaming down her face. "I lost my job today. I don't know what I'm going to do," she replied.

John sat down next to her and listened as she told him her story. He offered her some words of encouragement and promised to help her in any way he could. After a while, she stopped crying and thanked him for his kindness.

John left the park feeling good about himself. He continued his walk and soon found himself in front of a small bookstore. He had always loved reading, so he decided to go inside and browse. As he was perusing the shelves, he noticed a sign that said "Help Wanted."

He spoke to the store manager, who offered him a job. John was thrilled and accepted the position on the spot. He started working at the bookstore the next day and found that he loved it.

Days turned into weeks, and John found that he was becoming more and more interested in the owner of the bookstore, a woman named Rachel. She was smart, funny, and beautiful. He couldn't help but feel drawn to her.

One day, as they were closing up the store, John asked Rachel if she wanted to grab a cup of coffee. She agreed, and they walked to a nearby cafe. As they sipped their drinks, they talked about their lives and their interests. John found that he had a lot in common with Rachel.

Eventually, they started dating, and John knew that he had found someone special. They spent their days working at the bookstore and their evenings exploring the town. John had never been happier.

Months turned into years, and John and Rachel eventually got married. They continued to run the bookstore together and became a beloved fixture in the town. John knew that he had found his true calling in life, and he was grateful for the chance encounter that had led him to Rachel and the bookstore.

As John reflected on his life, he realized that sometimes the most unexpected things can lead to the greatest happiness. He was grateful for the small moments and chance encounters that had brought him to where he was today.

Short Story 2

It was a hot summer day and Sarah was feeling restless. She had been working from home for months and was starting to feel cooped up in her apartment. She decided to take a walk to the nearby park to get some fresh air and exercise.

As she walked along the path, she saw a man sitting on a bench with his head in his hands. She walked over and asked if everything was okay. The man looked up at her with tears in his eyes and said that he had just lost his job.

Sarah knew exactly how he felt. She had been in his shoes before and remembered how difficult it was. She sat down next to him and listened as he told her his story. She offered him some words of encouragement and told him that things would get better.

Feeling better after talking to Sarah, the man thanked her and walked away. Sarah continued her walk through the park and eventually ended up at a small coffee shop. She decided to treat herself to a cup of coffee and a pastry.

As she was sitting at a table enjoying her treats, she overheard a group of people talking about an upcoming charity event. They were looking for volunteers to help with the event and Sarah decided to offer her services.

The event was a huge success and Sarah met a lot of wonderful people. One of those people was a man named Jack. They hit it off right away and spent the evening talking and laughing.
They exchanged numbers and started dating soon after. Sarah was grateful for the chance encounter that had led her to Jack. He was kind, funny, and made her feel happy.

Months turned into years, and Sarah and Jack eventually got married. They continued to volunteer at the charity events and became a beloved fixture in the community. Sarah knew that she had found her true calling in life, and she was grateful for the chance encounter that had led her to Jack and the charity event.

As Sarah reflected on her life, she realized that sometimes the most unexpected things can lead to the greatest happiness. She was grateful for the small moments and chance encounters that had brought her to where she was today.

Short Story 3

Jake had always been interested in learning English, but he found the language difficult to master. He had tried various methods to improve his skills, but nothing seemed to work. That was until he stumbled upon a book that promised to teach him how to learn English quickly.

Jake was skeptical at first, but he decided to give it a try. The book outlined several strategies that he could use to improve his English, such as watching movies and TV shows in English, listening to English music, and practicing his speaking skills with native speakers.

Jake was determined to learn, so he followed the book's advice to the letter. He started watching his favorite TV shows and movies in English with subtitles, and he made a playlist of English songs that he listened to every day. He even found a language exchange partner online who he could practice his English with.

To his surprise, Jake noticed that his English was improving rapidly. He was understanding more of what he heard, and he was able to communicate more effectively with native English speakers. He felt more confident in his abilities, and he was excited to continue learning.

One day, Jake's friend invited him to a party where he would be meeting many English-speaking people. Jake was nervous, but he was also eager to put his new skills to the test. When he arrived at the party, he struck up a conversation with a group of people and was amazed at how much he was able to understand and contribute to the conversation.

Jake's success at the party was a turning point for him. He realized that he had come a long way in his English journey and that he was now able to communicate with people from all over the world. He continued to read the book and practice the strategies, and his English continued to improve.

Months later, Jake was offered a job at a multinational company that required him to communicate with English speakers regularly. He accepted the job and quickly proved to be an asset to the team. His coworkers were impressed with his level of English and his ability to communicate effectively.

Jake felt proud of his accomplishments, and he knew that he wouldn't have been able to do it without the book and the strategies that he had learned. He was grateful for the chance encounter that had led him to the book and for the determination that he had put into learning English.

Short Story 4

Samantha had always struggled with self-doubt and insecurity. She never felt good enough, no matter how much she accomplished or how much praise she received from others. She constantly compared herself to others and found herself lacking.

One day, Samantha was browsing through a bookstore when she came across a book about self-love and self-acceptance. She was hesitant at first, but decided to buy it and give it a chance.

As she started reading the book, she learned about the importance of loving and accepting oneself. The book offered practical strategies for building self-confidence and self-esteem, and encouraged her to focus on her strengths rather than her weaknesses.

Samantha took the book's advice to heart and began to practice self-love and self-acceptance in her daily life. She started speaking kindly to herself and stopped comparing herself to others. She began to take better care of herself, both physically and emotionally.

At first, it was difficult for Samantha to break old habits and thought patterns, but she persisted. She reminded herself of the strategies in the book whenever she felt insecure or down. And little by little, she began to feel better about herself.

As she practiced self-love, Samantha noticed changes in her life. She became more confident in her abilities and more comfortable in her own skin. She began to attract more positive people and opportunities into her life.

One day, as Samantha was walking in the park, she met a man named Jake. Jake was kind, funny, and seemed to genuinely care about her. They went on a few dates, and Samantha found herself falling for him. But as their relationship progressed, Samantha noticed that she was starting to lose sight of her self-love and self-acceptance. She found herself trying to be someone she wasn't, in order to please Jake. She realized that she was relying on his validation and approval for her sense of self-worth.

Samantha knew that she needed to take a step back and refocus on herself. She started practicing the strategies from the book again, and reminded herself of the importance of self-love and self-acceptance.

As she reconnected with herself, Samantha realized that she didn't need anyone else's approval or validation to feel good about herself. She was complete and worthy just as she was.

Jake noticed the changes in Samantha and was impressed by her newfound confidence and self-assuredness. He fell even more in love with her, and they continued to date.

Samantha learned that self-love wasn't just a one-time thing. It was a constant practice, and one that required effort and persistence. But the rewards were worth it. She felt happier and more fulfilled than she ever had before, and knew that she had the power to create the life she wanted, just by loving and accepting herself.

Short Story 5

Anna had always been a strong and healthy woman, but one day, she found a lump in her breast. She went to the doctor, and after several tests, she was diagnosed with breast cancer.
At first, Anna was scared and didn't know what to do. She felt like her world had come crashing down around her. But with the support of her family and friends, she decided to fight the cancer with all her might.

Anna started chemotherapy and radiation treatment, which made her very weak and tired. But she never gave up hope. She knew that she had to keep fighting to beat the cancer.

One day, while she was at the hospital, Anna saw a book in the waiting room. It was a book about cancer survivors who had overcome the disease. Anna started reading the book, and it gave her hope and inspiration. She decided to buy the book and read it every day.

Anna learned from the book that cancer treatment was not just about medicine and treatment. She discovered that having a positive attitude and taking care of herself was also essential to overcome the disease. So, Anna started doing things that made her happy, like spending time with her family and friends, and doing things she enjoyed.

With time, Anna's condition started to improve. She became stronger and more positive, and her cancer started to shrink. Her doctors were amazed by her progress and told her that she was a fighter. Anna knew that she still had a long way to go, but she had the determination and strength to keep going. She continued to read the book every day, which helped her stay motivated and focused.
After several months of treatment, Anna's cancer was in remission. She was so happy and relieved to have beaten the cancer. She knew that the journey was not easy, but it had taught her the importance of self-love and taking care of herself.

From that day on, Anna started living her life with a new perspective. She realized the value of her health and the importance of being kind to herself. Anna had learned that love for herself was just as important as the love she received from her family and friends.
Anna was a cancer survivor and a role model for others who were fighting the disease. She wanted to inspire others to never give up hope, to stay strong, and to love themselves no matter what life threw their way.

Short Story 6

Maria had been a teacher for many years, and over time, she had developed a certain way of doing things. She had her lesson plans, her materials, and her teaching style, and she felt confident that she knew how to educate her students.

But one day, Maria's principal assigned her to teach a new class of students who came from a different part of town. These students were diverse in every sense of the word - different backgrounds, different cultures, and different learning styles.

Maria felt nervous about this new challenge. She had always been used to teaching in a certain way, and she didn't know how to adjust her methods to reach these new students. But as she began to teach this class, she quickly realized that she needed to be flexible and learn from her students.

Maria saw that some of her students responded better to visual aids, while others learned best through hands-on activities. Some needed more one-on-one attention, while others preferred to work independently. Maria started to adjust her lessons to cater to each student's unique learning style, and she was surprised to see how much more engaged her students became.

Not only did Maria start to adjust her lessons, but she also learned from her students. She was amazed at how much they knew and how much they could teach her. They taught her about their cultures, their experiences, and their views on the world. Maria realized that learning was not a one-way street and that she had a lot to learn from her students.

As the school year progressed, Maria saw her students growing and developing, and she knew that it was not just because of her teaching. It was because she had learned to be flexible, to listen, and to learn from her students. She had learned that everyone has something to offer, and it was her job as a teacher to help her students discover their strengths.

Maria learned that the key to being a good teacher was not about having all the answers, but about being willing to learn from her students. She had grown as an educator and as a person, and she felt grateful for the opportunity to teach such amazing students.

As the school year came to a close, Maria felt a deep sense of pride in what her students had accomplished, and she knew that she had grown as much as they had. She was grateful for the lessons they had taught her and the growth she had experienced, and she knew that she would carry those lessons with her for the rest of her life.

Short Story 7

John and Jamie had been best friends since childhood. They had always been there for each other, through thick and thin. Now, Jamie had decided to take a trip to France, but he didn't speak the language. John, who had been studying French for a few years, offered to give him some tips on how to learn the language quickly.

"First things first, Jamie. You need to start immersing yourself in the language as much as possible. Listen to French music, watch French movies, and try to speak with native speakers as often as you can," John said.

Jamie nodded, taking in John's advice. "That makes sense. What else can I do?"
"Well, you should also try to learn the most common phrases and expressions. That way, you'l be able to communicate with locals even if you don't know the language perfectly," John replied.

Jamie scribbled down notes as John continued. "Another thing you can do is to practice speaking as much as possible. Don't be afraid to make mistakes. That's how you learn!"

"Okay, I'll definitely try to practice speaking," Jamie said, feeling a bit more confident.

John smiled. "And finally, don't forget to have fun! Learning a new language can be challenging, but it's also a great opportunity to learn about a new culture and make new friends."
Jamie thanked John for his advice and went on his way, feeling excited to start his language-learning journey.

In the weeks leading up to his trip, Jamie took John's advice to heart. He listened to French music and podcasts, watched French films, and even started speaking with French tutors online. He also made flashcards with common French phrases and practiced speaking them as often as he could.
aWhen he finally arrived in France, he was surprised by how much he was able to understand and communicate. He used the phrases he had learned to order food, ask for directions, and strike up conversations with locals.

One evening, Jamie found himself sitting in a cafe, chatting with a group of French students. They complimented him on his French and asked him how he had learned so quickly.
"I had a great teacher," Jamie replied, smiling.

John's advice had truly helped Jamie to learn French quickly and with confidence. Jamie knew that he had a lot more to learn, but he was excited to continue his language journey, knowing that with a bit of dedication and the right advice, he could achieve anything he set his mind to.

Short Story Using Idioms 1

When Jack and Sarah got married, they were over the moon. Jack had found his soulmate and was head over heels in love. However, they soon realized that living together was not a piece of cake. Jack was a neat freak and always wanted everything in its place, while Sarah was a bit of a slob and always left her things lying around.

One day, Jack came home and found Sarah had left the window open, letting the cat out of the bag. He was furious and told her to clean up her act. Sarah felt like she was walking on eggshells, always trying to please Jack but never quite succeeding.

It wasn't all doom and gloom, though. They made an effort to meet each other halfway and compromise. They realized that love is a two-way street and it takes work to keep the flame alive. In the end, they managed to weather the storm and lived happily ever after.

In this story, the idiomatic expressions used were:

Over the moon (extremely happy)
Head over heels (deeply in love)
Not a piece of cake (not easy)
Neat freak (someone who is extremely tidy)
Slob (a messy person)
Letting the cat out of the bag (revealing a secret)
Clean up your act (improve your behavior)
Walking on eggshells (being cautious to avoid upsetting someone)
Meet each other halfway (compromise)
Love is a two-way street (both partners need to put in effort to make a relationship work)
Weather the storm (get through a difficult time)

Short Story Using Idioms 2

Samantha was in a tough spot. She had lost her job and was struggling to make ends meet. She knew she had to **think outside the box** to find a new job, but she was feeling down in the dumps.

One day, she decided to take a walk to clear her head. As she was walking, she ran into an old friend, Jack. Jack asked her how she was doing, and Samantha spilled the beans about her situation.

Jack listened intently and then said, "Samantha, you're barking up the wrong tree. You've got to think outside the box. The world is your oyster! You just need to find the silver lining."

Samantha looked at Jack, feeling a little confused. "What do you mean?" she asked.

Jack explained that Samantha needed to explore new opportunities and try something different.

"There are plenty of fish in the sea, Samantha. You just need to cast your net wider," he said.

Samantha took Jack's advice to heart and started looking for new job opportunities. She applied for positions that she never would have considered before, and eventually, she landed a job in a field she had never thought about. The job wasn't exactly what she had been looking for, but she decided to make the best of a bad situation.

Over time, Samantha learned to be more flexible and to adapt to new situations. She learned that sometimes you have to take the bull by the horns and make things happen. She also learned that there's no use crying over spilt milk, and that it's important to look on the bright side.

Samantha's new job was challenging, but she enjoyed it. She loved learning new things and meeting new people. She knew that the grass is always greener on the other side, but she was content with what she had.

As she reflected on her journey, Samantha realized that it's important to seize the day and make the most of every opportunity. She knew that life is a journey, and that it's important to enjoy the ride, no matter where it takes you.

Short Story Using Idioms 3

Title: A Stitch in Time Saves Nine

Carla was always putting things off. She would procrastinate until the last minute and then rush to finish her tasks. This habit caused her a lot of stress and often led to mistakes. One day, her friend Maria noticed that Carla was struggling and decided to offer her some advice.

"Carla, have you heard the saying 'a stitch in time saves nine'?" Maria asked.

Carla shook her head, puzzled. "No, I've never heard that before. What does it mean?"

"It means that if you take care of something right away, you can prevent it from becoming a bigger problem later on," Maria explained.

"For example, if you notice a small hole in your shirt and you fix it right away, you won't have to spend time and money later on fixing a bigger tear."

Carla nodded, starting to see the wisdom in Maria's words. "I see what you mean. I've been putting things off and then having to deal with the consequences later."

"Exactly," Maria said. "But it's not just about being efficient. It's also about taking care of yourself. When you let things pile up, it can become overwhelming and stressful. Taking care of things right away can help you feel more in control and less stressed."

Carla thought about what Maria had said and decided to take her advice. She started tackling her tasks as soon as they came up, and she found that she was less stressed and more productive. She even found that she had more time to enjoy the things she loved, like spending time with her family and friends.

As Carla learned, sometimes a small effort can save you a lot of time and trouble in the long run. It's important to take care of things right away and not let them pile up. And, as Maria had taught her, sometimes it's the small lessons from our friends that can have a big impact on our lives.

Comprehensive Reading

Preguntas comprensivas

Comprehensive reading 1
(Preguntas comprensiva)

James can't focus

James is a college student who has been struggling with concentration in his classes. Despite being an intelligent and motivated individual, he often finds himself easily distracted and unable to focus on the lecture. This has led to poor performance in his exams and assignments.

At first, James tried to ignore his problem, thinking it was just a temporary phase. But as time went by, he realized that his lack of concentration was affecting not only his academic performance, but also his confidence and overall well-being. He knew he had to take action to fix the issue.

So, James started doing research on ways to improve concentration and found that many students face similar problems. He learned about various strategies and techniques, such as creating a study schedule, reducing screen time, and taking regular breaks.

One technique that particularly caught James's attention was mindfulness meditation. He learned that mindfulness meditation can help increase focus, reduce stress and anxiety, and improve memory. So, he decided to give it a try.

Every day, James set aside a few minutes to practice mindfulness meditation. At first, it was difficult for him to quiet his mind and focus on his breathing, but he continued to practice and soon noticed a difference. He felt more relaxed, focused, and energized.

In addition to mindfulness meditation, James also made some other changes to his daily routine. He created a study schedule, which helped him prioritize his tasks and stay on track. He also reduced his screen time, especially before bed, as he learned that exposure to blue light can interfere with sleep and concentration.

James's efforts paid off. He found that he was able to concentrate better in class and his performance improved. He felt more confident and motivated, and his stress levels decreased.

In conclusion, James's experience highlights the importance of recognizing and addressing issues with concentration. By finding and implementing effective strategies, such as mindfulness meditation and creating a study schedule, James was able to overcome his problems and improve his academic performance. James's story serves as inspiration for other students who may be struggling with similar issues and shows that with determination and the right strategies, anyone can improve their concentration and reach their full potentia

Comprehensive reading 1

1. **What was James's problem in college?**
A. Poor motivation
B. Lack of intelligence
C. Difficulty concentrating
D. Poor sleep habits

2. **What did James do to fix his concentration problems?**
A. Ignored the issue
B. Did research and found strategies
C. Took medication
D. Talked to his friends

3. **What strategy particularly caught James's attention?**
 A. Creating a study schedule
B. Taking regular breaks
C. Mindfulness meditation
D. Reducing screen time

4. **What was the result of James's mindfulness meditation practice?**
A. He felt more relaxed and focused
B. He felt more anxious and stressed
C. No change
D. He felt more tired

5. **What other changes did James make to his daily routine?**
A. Increased screen time
B. No other changes
C. Created a study schedule and reduced screen time
D. Increased caffeine intake

6. **How did James's academic performance improve?**
A. He performed worse
B. No change
C. He performed better
D. He dropped out of college

7. What was James's initial reaction to his concentration problems?

A. He ignored the issue

B. He took medication

C. He immediately sought help

D. He talked to his friends

8. How did James feel after implementing the changes in his daily routine?

A. More confident and motivated

B. More stressed and anxious

C. No change

D. More tired

Comprehensive reading 2

Leo is a man who is deeply in love with his wife, Ama. He loves her with all his heart and treats her with the utmost care and respect. Leo is always thinking of ways to make Ama happy and show her how much he loves her.

Leo and Ama have been married for several years and their love for each other has only grown stronger over time. They have been through many challenges together, but their love has always been a constant source of support and comfort.

Leo goes out of his way to make sure Ama is happy and taken care of. He surprises her with little gifts and gestures of affection, such as bringing her breakfast in bed or leaving love notes for her to find. He also helps her with household chores and takes on responsibilities so she can have time for herself.

In addition to these small gestures, Leo also plans special experiences for Ama. He takes her on romantic getaways, surprises her with date nights, and makes sure to celebrate special occasions in meaningful ways.

Leo's actions not only show how much he loves Ama, but also how much he values their relationship. He is committed to making their marriage a success and to always being there for Ama, no matter what.

Leo's love for Ama is a true testament to the power of love and commitment in a relationship. His actions serve as an inspiration for others who are looking to build a strong and loving relationship with their partner.

Comprehensive reading 2

Multiple Choice Questions:

1. **How does Leo feel about his wife Ama?**

A. Indifferent

B. He dislikes her

C. He loves her deeply

D. He tolerates her

2. **How long have Leo and Ama been married?**

A. A few weeks

B. A few months

C. A few years

D. They are not married

3. **What does Leo do to show Ama how much he loves her?**

A. Ignores her

B. Does not do anything

C. Surprises her with gifts and gestures of affection, helps with household chores, and plans special experiences

D. Treats her poorly

4. **How does Leo feel about their relationship?**

A. He does not care about the relationship

B. He is committed to making their marriage a success

C. He wants to end the relationship

D. He does not value their relationship

5. **What is Leo's attitude towards Ama?**

A. Negative

B. Indifferent

C. Positive

D. Hostile

Answers

Respuestas

Practice 1

Respuesta: She walked to the store yesterday.

Respuesta: He sang a song for his girlfriend.

Respuesta: They swim in the pool every morning.

Respuesta: She painted a picture of the mountains.

Respuesta: He read a book for his class.

Ordena las palabras para formar una oración:

Respuesta: They walked in the park yesterday.

Respuesta: She loves to sing music.

Respuesta: She swims in the pool every day.

Respuesta: She painted a beautiful picture.

Respuesta: He likes to read books.

Crea una oración usando las palabras dadas:

Respuesta: They look at the stars at night.

Respuesta: She walks to the library every day.

Respuesta: He sings in the shower every morning.

Respuesta: They swim in the ocean during the summer.

Respuesta: She reads a new book every week.

Practice 2

1. **Completa las siguientes oraciones con la forma adecuada del pasado continuo del verbo entre paréntesis.**

- Respuesta: I was studying when my friend called me.
- Respuesta: They were driving to the airport when the traffic jam happened.
- Respuesta: She was dancing when the music suddenly stopped.
- Respuesta: We were watching a movie when the power went out.

2. **Escribe una oración en pasado continuo que describa la siguiente:**

- Respuesta: They were playing soccer in the park.

3. **Traduce las siguientes oraciones al pasado continuo en inglés:**

- Respuesta: We were waiting at the station when the train arrived.
- Respuesta: She was reading a book when she fell asleep.
- Respuesta: They were cooking when the gas ran out.
- Respuesta: I was studying when my friend arrived home.

Practice 3

1. Completa las siguientes oraciones en presente perfecto:
Respuestas:
- I haven't finished my homework yet.
- She has never tried sushi before.
- They have already visited New York City.
- He has lived in London for two years.
- We haven't seen that movie yet.

2. Cambia las siguientes oraciones al presente perfecto:
- I went to the gym yesterday. (I have gone to the gym before.)
- She watched a movie last night. (She has watched a movie before.)
- They visited their grandparents last week. (They have visited their grandparents before.)
- He finished his project this morning. (He has finished his project.)
- We studied for the test all week. (We have studied for the test before.)

Practice 5

1. Respuesta: Will you have finished the project by tomorrow afternoon?
2. Respuesta: By this time next year, we will have saved enough money to buy a new car.
3. Respuesta: She will have graduated from college by the end of this semester.
4. Respuesta: They will have traveled to all seven continents by the time they turn 30.
5. Respuesta: I will have learned French for five years by the end of this month.
6. Respuesta: By next week, he will have read three books on the subject.
7. Respuesta: By the time he retires, he will have worked at the company for 40 years.
8. Respuesta: In two years, they will have moved to a new house.

Practice 4

1. Completa las siguientes oraciones en futuro continuo:
Respuestas:
- By this time tomorrow, I will be studying for the exam.
- At this time next week, they will be driving to Florida.
- By the end of the day, she will have been working on her project for six hours.
-

2. Crea una oración en futuro continuo utilizando la siguiente información:
Respuesta: At 6:00 AM tomorrow, you will be watching television.

3. Transforma las siguientes oraciones en futuro continuo:
- They will be eating dinner at 7 PM.
- She will be reading a book tonight.
- We will be driving to the beach on Saturday.

Practice 6

1. **Completa las siguientes oraciones en presente perfecto:**
- I can speak Spanish fluently.
- You must take a break and rest for a while.
- She may be at home by now.
- We should go to the gym every day to stay in shape.
- They might not arrive on time due to the traffic.

2. **Elige el verbo modal correcto para completar las siguientes oraciones:**
- I have a headache. I may take some aspirin.
- He can come to the party with us if he wants to.
- You should study harder if you want to get good grades.
- We may go to the beach this weekend if the weather is good.
- They might not be able to make it to the meeting tomorrow.

3. **Reescribe las siguientes oraciones utilizando un verbo modal apropiado:**
- You mustn't arrive early for the meeting.
- He can play the guitar very well.
- I may be allowed to bring my pet to the park.
- We may park our car here for two hours.
- You should eat healthy and exercise regularly.

4. **Story: Lee y subraya el presente perfecto:**
- has been living
- has explored
- has been feeling
- has been thinking
- has been researching
- has decided
- has never been
- has heard
- has found
- is excited
- has started

Practice 7

1. She lives in the city center.
2. They arrived at the airport early.
3. He works at a bank.
4. We are going to the beach this weekend.
5. The book is on the table.
6. I'm going to the store with my sister. (with)
7. The cat is sitting on the couch. (on)
8. He is from Spain. (from)
9. We walked through the park. (through)
10. She is studying for her exam. (for)
11. We met at the coffee shop.
12. The train leaves at 7pm.
13. They are walking on the street.
14. I'm allergic to peanuts.
15. The dog ran into the house.

Practice 8

at, for, after, in, by, despite, in touch, after, same, near, and together.

Practice 9

1. **Completa las siguientes oraciones con la forma comparativa adecuada del adjetivo:**
- Her cat is bigger than mine.
- This shirt is more expensive than the other one.
- My brother is taller than me.
- The movie we saw last night was better than the one we saw the week before.
- I think this book is more interesting than the one I read last month.

2. **Reemplaza las palabras subrayadas con la forma comparativa adecuada del adjetivo:**
- The blue car is faster than the red car. (fast)
- I'm feeling better today than yesterday. (good)
- She is a better dancer than her sister. (good)
- His grades are worse this semester than last semester. (bad)
- The city is getting busier every day. (busy)

3. **Completa las oraciones con la forma comparativa adecuada del adjetivo:**
- The elephant is heavier than the giraffe.
- My house is older than yours.
- The winter is colder than the fall.
- His new phone is more expensive than his old one.
- This apple is sweeter than that one.

4. **Completa las siguientes oraciones con la forma superlativa adecuada del adjetivo:**
- This is the tallest building in the city.
- He is the fastest runner on the track team.
- That was the funniest movie I've ever seen.
- She is the smartest person in our class.
- That is the most interesting book I've ever read.

5. **Completa las oraciones con la forma superlativa adecuada del adjetivo:**
- The sun is the hottest object in our solar system.
- This is the oldest building in the city.
- The Pacific Ocean is the deepest ocean in the world.
- That was the most exciting experience of my life.
- She is the most beautiful person I've ever met.

6. **Completa las oraciones con la forma de igualdad adecuada del adjetivo:**
- This city is as big as New York.
- The coffee here is as good as the coffee at the other café.
- My phone is as new as hers.
- The hotel we stayed at was as nice as the one they recommended.
- The book I'm reading now is as interesting as the one I read last month.

Practice 10

1. **Reorganiza las palabras para que la oración tenga sentido:**

She is always on time.

They are never late.

He carefully read the instructions.

We have never been there.

2. Completa las siguientes oraciones con "always", "often" o "sometimes" (adverbios de frecuencia)

- I always eat breakfast before going to work.
- She often arrives late to meetings.
- They sometimes go to the gym in the evenings.
- He always forgets his keys at home.
- We often watch movies on Friday nights.

3. Completa las siguientes oraciones con la forma correcta del verbo "to be" y "always", "often" o "sometimes":

- She is always late to class.
- They are often busy with work.
- He is sometimes forgetful.
- We are often tired in the morning.
- I am always in a rush to get things done.

4. Completa las siguientes oraciones con un adverbio de tiempo adecuado:

- We will go to the beach tomorrow.
- He saw her yesterday at the mall.
- I will do my homework now.
- She will start her new job today.
- We went to the concert then.

Reading

Reading 1

1. Sara is a teacher.
2. Sara teaches first grade.
3. Sara is teaching her students how to read and write the letter "A."
4. Sara is teaching the students to read and write the letter "A."
5. Some words that start with the letter "A" that Sara teaches the students are apple and alligator.

Reading 2

1. Tom loves to ride his bike.
2. Tom goes for a bike ride every day after work.
3. Tom decides to take a new route and explore the city.
4. Tom rides his bike through different neighborhoods, parks, and along the river.
5. Tom enjoys the beautiful scenery and fresh air.

Reading 3

1. Mary is a nurse.
2. Mary works at a hospital.
3. Mary is working in the pediatric ward.
4. In the pediatric ward, Mary checks on the children and makes sure they are comfortable. She also gives them their medication and helps them with any needs they have.
5. Some things Mary helps the children with are taking their medication and ensuring their comfort.

Reading 4

1. Bob loves to play guitar.
2. Bob is practicing a new song.
3. Bob is practicing to perform the song for his friends.
4. Bob plays the song over and over again.
5. Bob's goal for the song is to perform it for his friends.

Reading 5

1. Mia loves to play basketball.
2. Mia plays on the school basketball team.
3. Mia is practicing her layups and shooting free throws.
4. Mia wants to improve her skills.
5. Mia's goal for the next game is to help her team win.

Reading 6

1. Max is a chef.
2. Max works at a restaurant.
3. Max is preparing a special dish for the restaurant's menu.
4. Max adds spices and herbs to the dish.
5. Max tastes the dish to make sure it's perfect before serving it to customer

Reading 7

1. Lena loves to read books and learn new things.
2. Lena is reading a book about the solar system.
3. Lena learns about the planets and how they orbit around the sun.
4. Lena is amazed by the vastness and complexity of the universe.

Reading 8

1. Tommy is a gardener.
2. Tommy loves to plant flowers and vegetables in his garden.
3. Tommy is planting tomatoes.
4. Tommy digs holes in the soil.
5. Tommy hopes the tomato plants will grow big and juicy.

Reading 9

1. Jenny loves to bake.
2. Jenny is making chocolate chip cookies.
3. Jenny gets all of the ingredients and mixes them together.
4. Jenny waits for the cookies to bake.
5. The cookies smell delicious.

Reading 10

1. Emma is a student.
2. Emma is taking a math test.
3. Emma feels prepared for the test.
4. Emma takes her time and double-checks her work during the test.
5. Emma feels confident that she did well when she finishes.

Comprehensive reading 1

1. C
2. B
3. C
4. A
5. C
6. C
7. A
8. A

Comprehensive reading 2

1. C
2. C
3. C
4. B
5. C

CERTIFICATE

OF ACHIEVEMENT

This certificate is proudly presented to

_____

for completing the course

Amanfi Taylor

AMANFI TAYLOR

AUTHOR

¡Felicidades!

¡Felicitaciones por haber completado este libro! Cada página que has leído contiene elementos esenciales para hablar inglés con fluidez. Estoy increíblemente agradecida de que hayas elegido este recurso para facilitar tu aprendizaje. Recuerda que el proceso de aprendizaje es continuo, y siempre hay oportunidades para enriquecer tu conocimiento y expandir tu vocabulario.

Quiero recordarte que no debes tener miedo ni sentir vergüenza al hablar; tu acento te hace único y especial.

¡Atrévete a salir de tu zona de confort y a practicar tanto como puedas! Juntos, podemos lograr grandes cosas.

¡Estoy emocionada de ver hasta dónde puedes llegar! Sigue adelante y nunca dejes de aprender.

¡Tú puedes hacerlo!

Made in United States
Troutdale, OR
12/27/2024

27347498R00104